Scheffler Verlag

S

Edgar Graf

Vom Vergnügen

mit

Krokodilen zu baden

Safarigeschichten aus Afrika

Impressum

Scheffler-Verlag
Herdecke 1998

Umschlaggestaltung: Edgar Graf, Tübingen

Graf, Edgar

Vom Vergnügen, mit Krokodilen zu baden:
Safarigeschichten aus Afrika

Titelgestaltung:

ISBN 3-89704-028-X

24. Dezember 1998

LIEBE SONJA!

FRÖHLICHE WEIHNACHTEN!
HOFFENTLICH ERKENNST DU
EIN PAAR FLECKCHEN AFRIKA
WIEDER. UND WENN ES NUR
DIE MENTALITÄT DER
MENSCHEN IST. (DER AFRIKANER
UND DER TOURIS!)

VIEL SPASS BEIM LESEN

Miriam & *Alex*

P.S.: DU KENNST DEN AUTOR (VOM SEHEN).
UNSER „ANSAGER" BEIM KONZERT
IN WALLDORF. — DER RADIO-MANN!

Für meine Eltern

und Andrea

Inhalt:

Karibu Afrika!

"Afrika, ich komme", so steht es in meinen Tagebuchauf-zeichnungen vom 22. August 1987, und weiter heißt es: *"Was wird mich wohl in den nächsten 3 Wochen erwarten, wer sind meine Reisegefährten, welche Abenteuer wird es zu bestehen geben?"*

Einige der "Abenteuer", die ich auf meinen sechs Reisen durch Botswana, Zimbabwe, Tanzania, Kenya und Tunesien in den vergangenen Jahren erlebt habe, sind hier zu kurzen Erzäh-lungen verarbeitet. In Afrika gehen die Uhren anders. Langsamer. Pole-pole sagen die Einheimischen in Ostafrika dazu. Da kann es durchaus passieren, daß die Suppe 'mal ein paar Minuten zu spät zum Menü kommt... Aber man hat ja schließlich Zeit, im Urlaub. Sollte man zumindest meinen...

Man sollte sich einlassen auf diese afrikanische Uhr. Nicht nur, daß man Land und Leute viel besser, viel intensiver kennen-lernen wird, der Rhythmus Afrikas kann auch eine große Hilfe sein, wenn man wieder in den europäischen Alltag und seine Hektik zurückkehrt.

Safari ist ein Kisuaheliwort und bedeutet nichts anderes als "Reise". Daher berichten diese Safarigeschichten nicht nur über "Safaris" im herkömmlichen Sinne.

Tiere kommen zur Genüge vor, in den Geschichten: von Ele-fanten über Löwen bis zu Kamelen, vier- und zweibeinige, wohlgemerkt. Doch die Menschen stehen im Mittelpunkt. Menschen wie du und ich, Afrikaner und Touristen. Sympa-thische und solche, die es besser wären. Ich schildere sie so, wie ich sie auf meinen "Safaris" kennengelernt habe; manche komme dabei gut, andere weniger gut weg. Die Namen sind daher in den meisten Stories geändert worden.

Der heitere Charakter der meisten Geschichten und die leisen kritischen Untertöne sollen zum einen den Leser amüsieren, zum anderen Reisenden in Afrika die Augen öffnen für die Probleme des Schwarzen Kontinents, wie sie jüngst auch in Kenya wieder auftraten.

Unruhen, Krisen in Ländern, deren Wirtschaft zum großen Teil von Einnahmen aus dem Tourismus abhängig ist, haben meist fatale Folgen. Zunächst erscheinen die negativen Meldungen in allen Medien und sorgen für einen Rückgang der Buchungen. Leerstehende Hotels, verlassene Lodges, daraus resultierend Entlassungen und somit Arbeitslosigkeit. In den Schutzgebieten fehlt dringend benötigtes Geld für Wildererpatrouillen. Safaris gelten in manchen Landesteilen als unsicher, Touristen bleiben aus Angst vor Überfällen aus, der Teufelskreis dreht sich. Hat sich die Lage beruhigt, kann es Jahre dauern, bis wieder genügend Touristen ins Land kommen.

Noch ist nichts verloren in Afrika. Immer mehr Einheimische haben gute Bildung und können es schaffen, das Ruder herumzureißen. Aufbrüche, wie wir sie in Südafrika erlebt haben, werden Afrika positiv verändern. Was fehlt, ist nicht nur Geld, sondern auch das Verständnis für die vielschichtige Problematik des Schwarzen Kontinents. Wer als Tourist in diese Länder kommt und die Menschen dort, in diesen für uns Europäer immer noch unberührten Paradiesen an sich heranläßt, wird die lachenden Gesichter und freundlichen Gesten nie wieder vergessen.

Ich schreibe über das Zuhause und die Heimat dieser Menschen und verwende daher in meinen Geschichten absichtlich die jeweils landestypischen Schreibweisen, wie *Kenya, Tanzania* oder *Kilimanjaro* statt der bei uns üblichen eingedeutschten Formen.

Am Schluß meines Botswana-Tagebuchs heißt es am 12. September 1987:

"Ich habe auf dieser Reise sehr liebe Menschen und ein hinreißendes Land kennengelernt und möchte meinen Reisebericht mit dem Wunsch schließen, alle und alles in meiner Erinnerung bewahren zu können und so wenig als möglich davon zu vergessen."

Mögen diese Geschichten ein wenig von meinen Gefühlen und Stimmungen auf den Leser übertragen. Mögen sie helfen, das Land und seine Menschen zu verstehen.

Und nun viel Spaß bei einer kleinen Reise, die von den Ausläufern der Kalahari über die ostafrikanische Marasteppe zur kenyanischen Küste, aber auch in die Wunderwelt des Ngoro-Ngoro-Kraters, in die Dünen der Sahara und auf das weiße Dach Afrikas, den Kilimanjaro, führt.

Willkommen in Afrika, oder wie uns der Einheimische in Ostafrika begrüßen würde: "Karibu!"

Tübingen, im Mai 1997

Besuch beim Mittagsschlaf

"Erschrocken lauschte ich in die Nacht"
(28.8.87, Botswana)

Nur wer sich je eine afrikanische Nacht allein in einem kleinen Zweimannzelt um die Ohren geschlagen hat, kennt dieses Gefühl, das einen beschleicht, wenn es draußen an der dünnen Zeltwand leise kratzt und scharrt, wenn die Geräusche direkt neben dem Pritschenbett sich anhören, als habe sich ein Großteil der afrikanischen Nachtfauna unmittelbar nebenan zum Nachtkonzert eingestellt. Und dann, plötzlich, ein Brüllen, das durch Mark und Bein fährt!

Jetzt ist er da, denkst du, der König der Wüste, Simba, mit hungrigem Magen umschleicht er dein Zelt, der sicheren Beute gewiß. Nur eine milimeterstarke (oder dünne?) grüne Zeltbahn trennt dich vor seinen Zähnen, vor dem tödlichen Biß ins Genick. Vorsichtig, um ja kein Geräusch zu verursachen, drehst du deinen Hals, der vor Anspannung fast schon steif geworden ist und du genießt das Gefühl, ihn noch drehen zu können.

Gerade eben, am Lagerfeuer, als der erste Löwe in der Ferne brüllte, haben sie dir erzählt, die Afrikaerfahrenen, von der jungen Frau, die von einer Löwin an den Beinen aus dem offenen Zelt gezerrt wurde. Wo das war? - "Ach, gar nicht so weit von hier, in einem Camp am Chobefluß..." Und du hast deinen Zeltverschluß zur Vorsicht sogar noch mit einem kleinen Sicherheitsschloß versiegelt. Ein Löwe, denkst du jetzt, knackt das Ding mit einem leichten Schmatzen.

Immerhin: der Schlafsack bietet dir wenigstens eine gewisse Geborgenheit, es ist so etwas wie der dick gepolsterte Armschutz auf dem Hundedressurplatz oder die Schabracke der Pferde beim Ritterturnier. So liegst du wach auf deiner Pritsche, während sich die erste afrikanische Nacht über deine primitive Behausung herabsenkt und du lauschst gespannt und zunächst sogar fasziniert den Stimmen der Buschsymphonie: aus dem Pianissimo heraus hebt an in feinem dolce das Zirpen der Zikaden, steigert sich schrill und erhält bald Unterstützung vom krächzenden Geigenpizzicato der Grillen, vom leichten Klarinettentriller der Glockenfrösche aus dem nahen Fluß, dem gurgelnden Tremolo eines dir unbekannten Nachtvogels, dem grunzenden Ostinato aus dem nur wenige Kilometer entfernten Hippo-Pool und dem Trompeten der Elefanten.

Dann - wie der Paukenschlag im zarten Weben eines Largosatzes - nicht mit Noten, nicht mit Buchstaben wiederzugeben, ist es wieder da, was dich eben schon einmal hochschrecken ließ.

Irgendwo, vielleicht ja weit entfernt, auf einem jener einsamen Hügel, die wie die Leiber schlafender Riesinnen, rotbraun glänzend, im letzten Abendlicht in der Savanne liegen. Vielleicht aber auch ganz nah, gleich dort unter der Akazie, wo du noch vor wenigen Minuten am Lagerfeuer gesessen hast: der heißere rauhe, alles beherrschende Urschrei der afrikanischen Savanne - der Schrei des Löwen.

Woher wirklich? Die klare zivilisationsferne Nacht Afrikas trägt Geräusche aus größter Entfernung heran. Die Hippos, die Elefanten, sie waren noch vor einer Stunde in der großen Suhle, weit draußen in der Ebene, meilenweit von hier. Löwen gab's dort keine. Die kommen aus dem Nichts ins Camp, ins Lager, vor dein Zelt.

Du hast auf einmal nur einen Gedanken: raus aus der unbehaglichen Beengtheit deines Zeltes, hinein in das sichere Blech des Landrovers. Aber wirst du es überhaupt soweit schaffen? Und wird die Tür unverschlossen sein? Oder wird kein Schlüssel stecken und du stehst rüttelnd vor dem Landrover, den heißen Atem der Bestie hinter dir. Liegt sie nicht vielleicht schon lauernd vor dem Zelt, mit gelben Augen den Reißverschluß fixierend, die kräftigen Pranken bereit zum wohlgezielten Hieb auf dein Genick, sobald du den Kopf aus der Zeltöffnung steckst?

Nein, mein Freund, lieber duckst du dich weiter in deinen dikken Schabrackenschlafsack, ziehst dir die Wolldecke über die Ohren und schließt die Augen, in der steten Hoffnung, es möge doch endlich aufhören am Zeltdach zu kratzen, am Boden zu scharren und im Dunkeln zu brüllen. Schlaf findest du sicher keinen, in dieser deiner ersten Nacht in Afrika, und gerade deshalb wird sie dir unvergeßlich bleiben.

Um der Müdigkeit nachzugeben, die mir diese schlaflose Nacht am nächsten Tag mit auf den Weg gegeben hatte, beschloß ich, den heißen Mittag schlafend auf einer dieser grünen Pritschen, unter der großen, schattenspendenden Akazie, etwa zehn Meter vom Camp entfernt, zu verbringen. Schnell fiel ich, bei einem leichten Windhauch in der warmen Mittagsluft, in einen tiefen und festen Schlaf, den ich während der Nacht so sehr vermißt hatte.
Ein Schrei weckte mich aus meinen Träumen, ein Schrei aus Menschenkehle. Ich brauchte einige Sekunden, um zu verstehen, daß jemand laut nach *mir* gerufen hatte. Ich lag auf dem Bauch, schreckte hoch, sah mich um und fiel im selben Moment wieder auf die Pritsche zurück. Unter dem Baum,

dessen weit ausladende Äste mir kühlen Schatten spendeten, stand, die großen rissigen Segelohren angelegt und die Augen halb geschlossen, dösend ein *Elefant*.

Er schien mich überhaupt nicht wahrgenommen zu haben, dieses kleine Bündel am Boden, und ich wagte nicht, mich nur einen Zentimeter von der Stelle zu rühren.

"Bleib' ganz ruhig liegen, er hat dich noch nicht gesehen!" riefen mir auch die Safarigefährten aus sicherem Abstand zu, nachdem sie mich durch ihr Geschrei aus den süßen Träumen in die rauhe Wirklichkeit zurückgeholt hatten. Die hatten gut reden! Im Camp zwischen den Zelten und Autos war ja keine

Gefahr. Mir stand das Wasser bis zum Hals, das Herz pochte so laut, daß der graue Riese schon allein davon hätte aufwachen müssen und die Gefährten machten zusätzlich unnötigen Lärm.

Ich schätzte die Entfernung bis zum vermeintlich sicheren Lager ab. Gute zehn Meter. Oder mehr? Sicher wäre der Elefant auf dieser kurzen Strecke bedeutend schneller als ich. Hier lag ich also, die reelle Gefahr deutlich vor Augen, während ich in der Nacht vermeintliche Gefahren nur erahnt hatte. Und doch fühlte ich mich jetzt irgendwie sicherer als nachts im schützenden Zelt.

Da stand er vor mir. Noch nie hatte ich einen Elefanten aus so geringer Entfernung gesehen. Seine Stoßzähne waren gelb und abgenutzt, kaum länger als mein Unterarm. Die Äste der Akazie malten schwarze Schatten auf seine graue, zerfurchte Haut, das schwere Kreuz hatte er scheuernd gegen den Baumstamm gelehnt und der mächtige Kopf mit der breiten runzeligen Stirn hing nur einige Meter entfernt schräg über mir. Sein Rüssel baumelte schlaff bis auf den Boden und blies bei jedem Ausatmen eine Brise Sand in meine Richtung.

Ich fühlte das Kitzeln in der Nase und versuchte, den Niesreiz zu unterdrücken. Zu spät! Laut wie das Trompetensignal seiner Artgenossen knallte das Geräusch durch die mittägliche Stille. Der Elefant wedelte mit den Ohren und blinzelte mich müde mit seinen faltengebetteten Augen an. Gerade diese Falten erweckten in mir den Eindruck, er lächelte mich an. Verbissen lächelte ich zurück und duckte mich auf meine Pritsche. Der Angriff mußte jeden Augenblick erfolgen und das Tier schaukelte schon bedrohlich mit dem Körper hin und her. Langsam hin und her. Hin und her. Hin und her und kam näher. Langsam näher. Näher.

Plötzlich flog etwas Gelbes durch die Luft und landete auf dem spärlichen Platz zwischen dem Dickhäuter und mir. Ein Apfel kullerte durch den grauen Sand. Fast wie im Zoo, dachte ich: Füttern verboten, und doch konnten die Gefährten anscheinend nicht widerstehen. Sicher, sie wollten ihn ablenken, ihm die Wahl lassen zwischen dem Apfel und mir. Nun lag der Apfel zwischen mir und ihm. Für den Elefanten: auf dem Weg zu mir. Sie hatten schlecht gezielt! Pech für mich!

Der Elefant hatte Witterung bekommen und tastete mit seinem Rüssel den Boden ab. Der herbe süße Geruch des frischen Obstes (wo gab es hier schon Apfelbäume?) wog wohl mehr als meine störende Anwesenheit. Dann fand er ihn. Fest umschloß die Greiffingerspitze des Rüssels den Apfel und führte ihn zum Mund.

Mit einem Schnauben bedankte sich der Elefant für diese Köstlichkeit, scharrte erwartungsvoll mit dem Fuß und zog sich schmatzend ein Stück von mir zurück. Ich hatte gewonnen: zwanzig Zentimeter mehr Vorsprung Richtung Camp. Zu wenig! Nichts als die Fußbreite eines afrikanischen Elefanten.

Ich wagte es kaum, den Kopf zu heben und zum Camp zu spähen. Die Gefährten standen im Halbkreis zwischen den Zelten und sahen uns zu. Buschkino live! Einer besaß gar die Unverfrorenheit, ein Bild von uns zu schießen. Jedoch, so stellte sich später heraus, war der Verschluß seiner Kamera undicht und just jenes Porträt vertrauter Zweisamkeit unter der Akazie wurde von einem dicken gelben Streifen zerstört.

Der Elefant verfiel erneut in Lethargie und ich bewegte mich nun doch vorsichtig auf meiner Pritsche, ohne sein Mißfallen zu erregen. Er grunzte nur zufrieden und schien vollkommen mit dem Verdauen des Apfels beschäftigt zu sein. Nur der Rüssel spielte gelangweilt mit dem Sand und es war wohl eben diese Verspieltheit, die in mir ein gewisses Gefühl des Vertrauens zu dem riesigen Tier entstehen ließ. Fast schien es mir, als hätte es mich zum menschlichen Freund erkoren und mich in seinem Reich akzeptiert.

Vorsichtig tastete ich nach meiner Kamera, die ich ständig mit mir führte, um keine Chance für ein gutes Tierporträt zu verpassen. Wohl nie wieder würde ich die Gelegenheit haben, aus dieser Perspektive einen lebenden Elefanten in solcher Nähe formatfüllend abzulichten. Ich setzte also die Kamera ans Auge, alles im Liegen versteht sich, und nahm tastend den Objektivverschluß ab. Eine verschwommene graue Masse drang an mein Auge und ich stellte das Bild scharf. Der Ausschnitt hätte nicht besser sein können: wie gerahmt posierte der Elefant direkt vor meiner Linse - doch zum Auslösen fehlte mir der Mut.

Wie würde er reagieren auf dieses laute Geräusch, wenn die Kamera in einem Atemzug auslöste und den Film transportierte? War das Bild diese Gefahr wert? Oder war es besser, einfach regungslos zu verharren, sich vielleicht schlafend zu stellen, bis der Elefant sich trollte?

Was konnte er schon gegen einen friedlich schlummernden Menschen haben? Wie aber, wenn er es sich anders überlegte und in meiner Richtung nach Hause marschierte, statt auf dem ausgewiesenen Pfad, den er gekommen war?

Ein erneutes Geräusch schreckte mich aus meinen Gedanken und den Elefanten aus seiner Ruhe. Es pfiff durch die Luft und kullerte rund und gelb vor meinen Augen unter die grüne Pritsche, auf der ich lag. Na bravo! Gut gemacht Kameraden! Der Elefant schickte einen schläfrigen Blick unter meine Bettstatt. Er fächelte die Ohren weit auf und hob witternd den Rüssel.

Mit einem Mal war der ganze schwere Körper wieder zu Leben erwacht, seine schlaffe Haltung wandelte sich in ein mächtiges Aufbäumen vor dem Eindringling auf dem Boden, der ihm jetzt den Zugang zur Nahrung versperrte. Langsam und bedächtig, wie es sich bei der Hitze gebot, kam er auf mich zu. Der Boden schien zu zittern bei jedem seiner Schritte. Doch nein, ich selbst war es, der zitterte und bebte.

Ein weiterer Apfel kullerte ihm direkt vor seinen rechten Vorderfuß. Mit einem leichten Schwenken des Rüssels war er in Sekundenbruchteilen zwischen den stumpfen Stoßzähnen im Maul verschwunden. Ein kurzes Mahlen mit den Kiefern und schon war wieder Platz für die nächste Mahlzeit. Und die lag ausgerechnet unter meinem Bett. Mahlzeit!

Wieder stand er ruhig unterm Baum und scheuerte seinen Hintern am Stamm. Gleich würde er sich erneut in Bewegung setzen. "Lauf, sonst hat er dich!" rief jemand aus dem Camp, doch es bedurfte dieser Aufforderung nicht. Schon längst hatte ich nach dem Apfel gegriffen, ihn unter der Pritsche hervorgeangelt und in weitem Bogen an dem Elefanten vorbei in die entgegengesetzte Richtung geschleudert.

Irgendwie fand ich sogar noch den Mut, auf den Auslöser der Kamera zu drücken, als der Elefant auch schon den Rüssel hob und ihn auf die Stirn legte. Mit der Gestik eines Zirkuselefanten drehte er mir mit einem Mal sein breites Hinterteil zu und suchte nach dem Apfel. Die Gelüste nach frischem Obst lenkten ihn ein weiteres Mal von meiner Anwesenheit in seinem Revier ab.

Ich schoß von meiner Pritsche auf und raste auf das Camp zu, ständig gewahr, seinen Rüssel feucht und schwer auf meiner Schulter zu spüren wie die zupackende Hand eines Kontrolleurs, an dem vorbei man sich, ohne bezahlt zu haben, in eine Kinovorstellung schmuggeln wollte. Doch nichts geschah. Kein Stampfen, kein wütendes Trompeten, kein Angriff. Keuchend erreichte ich die Gefährten, die mich herzlich und erleichtert empfingen. Ich wandte mich um und sah gerade noch, wie das graue Hinterteil des Riesen im unbelaubten Unterholz verschwand. Zwei Meter neben meiner Pritsche hatte er drei dampfende Klöße hinterlassen, jeder viermal so groß wie ein Apfel und von weitaus herberem Geruch.

"Scheint heute keinen Hunger zu haben, der alte Knabe", meinte lächelnd unser bärtiger Safariführer. "Normalerweise taucht er in den Camps auf, um die Vorratskisten zu knacken. Er ist ein alter Einzelgänger, der sich vom Müll der Safaricamps ernährt. Mit den Jahren ist er immer frecher und aufdringlicher geworden."

Noch in der darauffolgenden Nacht bekamen wir unmittelbar mit, wie der Elefant die Alu-Vorratskisten unter dem Isuzu eines holländischen Safarireisenden plünderte und die Schlafenden, die auf dem Autoverdeck übernachtet hatten, in Todesangst versetzte. Nur mit Scheinwerfern und Autohupen gelang es schließlich, den Wütenden in die Flucht zu schlagen. Am nächsten Morgen haben wir den Einzelgänger auf den Namen "Killer" getauft und auch an den folgenden Tagen immer wieder etwas von seinen Belästigungen und Überfällen mitbekommen. Sei es, daß er schlechtgelaunt frisch aufgehängte Wäschestücke von den Sträuchern rasierte oder am Abend vor der Toilettenbaracke trompetend und augenrollend den Rückweg zum Camp stundenlang versperrte, sich Gäste dadurch genötigt fühlten, die Nacht in der Toilette zu verbringen. So friedlich wie an jenem Mittag, unter der Akazie, war der alte Elefant nie wieder in Erscheinung getreten.

Monate später, als die vielen Erlebnisse meiner ersten Afrikareise schon wieder zu lieben Erinnerungen verblaßten, las ich in einer Zeitung von einem alten einzelgängerischen Elefanten, den man in eben jener Gegend abgeschossen hatte, weil er wiederholt Touristen angegriffen und wohl auch verletzt hatte.

Nachdenklich betrachte ich das Bild des 'Killers', das in meinem Arbeitszimmer an der Wand über meinem Schreibtisch hängt. Es zeigt einen mächtigen Elefanten, mit breitem, massigen Kopf, den Rüssel lässig über dem Boden baumelnd und das schwere Kreuz am knorrigen Stamm einer Akazie scheuernd. Die Äste des Baumes zeichnen ein schwarzes Schattenmuster auf die graue zerfurchte Haut. Das rechte Auge ist halb geschlossen und ich habe das bestimmte Gefühl, der Elefant blinzle mir lächelnd zu.

Mir, der ich für einige Augenblicke ein Gast in seinem Revier war.

Mr. Mayer-Gnu

"Hunderttausende von Gnus sprenkelten
die gelbgrüne Steppe" (12.9.1989, Kenya)

Heinrich Mayer verbrachte zum ersten Mal seinen Urlaub im Ausland. Einmal nicht an die Nordsee oder in die Lüneburger Heide. Nein, diesmal mußte es Afrika sein! Herr Mayer hatte sich gründlich und lange auf diese Reise vorbereitet. Es war schon sein Kindheitstraum gewesen, die Tiere Afrikas in freier Wildbahn zu sehen. Doch obwohl er reich war, ein reicher Makler aus Stuttgart-Echterdingen, hatte es Jahre gedauert, bis er sich diesen Wunsch erfüllen konnte. Er rechnete kaum damit, daß sich diese Reise einmal wiederholen ließe und es galt, sie voll auszukosten.

Vier Wochen Kenya hatte er gebucht, beim besten und teuersten Afrikaspezialisten, den er in den Jahren seiner Reisevorbereitungen entdeckt hatte, bei einem kleinen Münchener Unternehmen.

Herr Mayer fand die sonnigen Tage am Diani Beach erholsam. Er genoß die klimatisierten Räume seiner kleinen Suite im Clubhotel, den palmenbestandenen Garten, die schwarzen Tänzerinnen am Swimmingpool und die magenfüllenden Barbecues am Abend.

Er hatte sich wirklich hervorragend vorbereitet. Alle Impfungen hatte er genau in den vorgeschriebenen Abständen über sich ergehen lassen und kam Tag für Tag gründlich seiner Malariaprophylaxe nach, die er durch regelmäßigen Gin-Tonic-Konsum noch verstärkte. Er trank kein Wasser aus der Leitung, aß kein Speiseeis und nahm die bunten Cocktails ohne

Eiswürfel zu sich. Herr Mayer hatte keine Probleme mit dem Klima oder mit der Verdauung und fühlte sich rundherum gesund und frisch. Mitleidsvoll betrachtete er allmorgendlich die gequälten Gesichter durchfallgeplagter Hotelgäste oder die vom Sonnenbrand krebsrot gefärbte Haut dickbäuchiger Urlauber.

Auch Herr Mayer trug den Großteil seines Körpergewichts zwischen Kragenknopf und Hosenbund vor sich her, aber er lag nie ungeschützt in der prallen Sonne. Er trug ständig seinen luftigen breitkrempigen Strohhut und cremte sich nach jedem Wasserkontakt gründlich ein. Er genoß das Strandleben eine Woche lang in vollen Zügen und erwartete voll Ungeduld den Beginn der Safari.

Endlich war es soweit und es war schlichtweg phantastisch! Herr Mayer war begeistert, von allem was er zu sehen bekam. So, ja, genau so hatte er sich Afrika vorgestellt: Tierherden, soweit sein Auge reichte. Tiere, Tiere, Tiere.

Gestreifte, Gefleckte, Gesprenkelte. Zebras, Hyänen, Geparden. Kräftige Massaikrieger (diesmal echte, nicht diese Folklorefiguren aus dem Hotel) mit ihren Rinderherden, kreischende Pavianrudel und hoch droben am Himmel kreisende Geier. Und mittendrin er, Heinrich Mayer, Makler aus Stuttgart-Echterdingen.

Er mußte sich eingestehen, daß er schwitzte, wenn die Sonne allzu heiß vom Himmel stach. Dabei hatte er sich seinen Khaki-Safarianzug extra bei einem Spezialisten - >Safari Sportswear Unlimited< - bestellt, in zweifacher Ausfertigung, versteht sich. Man mußte ja immer etwas zum Wechseln haben. Er sah schon sehr professionell aus. Afrikanischer als all seine Mitreisenden im Toyota-Bus - ausschließlich Deutsche und Schweizer übrigens - mit ihren kurzen Sporthosen und den bunten T-Shirts. Nur der Fahrer trug einen ähnlichen Anzug wie er. Allerdings in grün und aus leichterem Stoff. Sicher Billigware, dachte Herr Mayer und schwitzte gern.

Der Bus, den Herr Mayer mit den sechs anderen Gästen teilen mußte, war zwar unbequem, aber praktisch. Wenn er saß, schmerzte nach kurzer Zeit der Hintern von den vielen Schlaglöchern, durch die sie auf den Sandpisten rumpelten. Aber man konnte ja aufstehen, sogar die cremefarbenen Sitze durften bestiegen werden, wenn der Fahrer das Klappdach geöffnet hatte. Herr Mayer hatte schnell heraus, welcher Platz der bequemste war, wo man am besten sah und am wenigsten durchgeschüttelt wurde. Hier, an *seinem* Fensterplatz saß er von nun an täglich. Dafür sorgte er selbst, denn am Morgen war er immer als erster am Bus.

War das Dach geöffnet, sah er, auf dem Sitz stehend, gerade über den Lukenrand hinaus in die weiten Ebenen und Savannen. Sein rosarotes rundes Gesicht leuchtete und die Sommersprossen auf seiner dicken Nase schienen vor Freude zu hüpfen, wenn er wieder ein neues Tier entdeckt hatte.

"Stop!" schrie er dann laut und der Fahrer trat unverzüglich auf die Bremse. Jetzt kramte Herr Mayer seine Rollei hervor, die er zum Schutz gegen den Staub stets unter seinem Hemd trug und knipste in aller Ruhe, was *ihm* so gut gefiel. Und alle anderen im Bus waren so rücksichtsvoll, nicht zu wackeln, während er auf den Auslöser drückte.

Herr Mayer nahm dies als selbstverständlich hin. Kein Wort des Dankes kam über seine Lippen. Er hatte bezahlt. Für Afrika und die fünfzehn Filme. Manchmal wurde Herr Mayer regelrecht nervös, wenn er glaubte, ein neues Tier gesehen zu haben, eines, das er noch nicht auf seiner Liste abgehakt hatte. Er schrie dann den Namen so laut, daß das Tier, noch bevor der Fahrer seine Bestimmung der Art bestätigen konnte, entsetzt die Flucht ergriff.

Herr Mayer klatschte verärgert in die Hände und schimpfte laut vor sich hin, wackelte auf seinem Sitz hin und her und verwackelte dadurch so manches scharfgestellte Foto seiner Mitreisenden, die gerade vielleicht ein ganz anderes Objekt im Visier hatten. Das löste jedesmal allgemeine Verärgerung aus und trug nicht gerade dazu bei, seine Sympathien bei den anderen Safarigästen zu steigern.

Mürrisch betrachteten sie dann den kleinen dicken Mann in seinem faltenfreien weißen Safarianzug (Herr Mayer nützte den Reinigungsservice in jeder Lodge) und seinem breitkrempigen Strohhut, der fast das ganze Gesicht und die verspiegelte Sonnenbrille beschattete. Dazu tuschelten sie und schüttelten den Kopf. Ihm entgingen diese Reaktionen zumeist; viel zu sehr war er mit *seinem* Afrika beschäftigt, als daß er sich um die Mitreisenden, die zufällig in *seinem* Bus saßen, kümmerte.

Einmal, während einer Safaripause in der Lodge, als sich alle vor einer in leuchtendem Lila blühenden Bougainvillea fotografieren ließen, kam eine junge Mitreisende auf ihn zu und bot an, auch von ihm ein Bild zu machen. Doch Herr Mayer lehnte schroff ab. Niemand würde das Foto so machen, wie er es wollte. Außerdem wollte er keine albernen Erinnerungsfotos von sich. Er hatte seinen Filmvorrat genau abgezählt und jedes einzelne Bild war ihm wertvoll.

So verstrichen die ersten Safaritage. Herr Mayer saß abends allein in den Lodges beim Essen und er ging nachts allein in sein Einzelzimmer. Morgens bestieg er als erster allein den Bus und hatte allein das Recht, die Reise in vollen Zügen zu genießen. So fuhr er durch Ostafrika, Heinrich Mayer, Makler aus Stuttgart-Echterdingen. Er legte keinen Wert auf Reisefreundschaften. Auch das angebotene "Du", das sich innerhalb der Gruppe durchgesetzt hatte, lehnte er strikt ab. Und so kam es, daß ihn nicht nur der Fahrer, sondern auch die anderen Mitreisenden mit seinem Nachnamen als Mr. Mayer ansprachen.

Am ersten Tag der zweiten Woche erreichten sie die Maasai-Mara. Herr Mayer hatte bei der Buchung großen Wert darauf gelegt, die Maasai-Mara zu sehen, weil es hier die meisten Löwen gab. Und Löwen, das mußte er leider zugeben, hatte er auf seiner Safari noch keine zu Gesicht bekommen. Nicht mal ohne Mähne.

Kurz nach der Überquerung des Maraflusses sah Herr Mayer ein Gnu. Wildebeest, wie man sie in seinem Safariführer nannte. Es war das erste Gnu auf der Safari. "Stop!" schrie er voll Enthusiasmus, "Ein Gnu!" Der Fahrer latschte auf die Bremse. Die Reisenden wurden durchgeschüttelt, dann stand der Bus still. Dafür bewegte sich das Gnu. Einsam und allein graste es vor ihnen, etwa dreißig Meter vom Fahrzeug entfernt. Herr Mayer suchte nach seiner Kamera und blinzelte durch den Sucher.
Alle im Bus waren aufgesprungen, um sich nichts entgehen zu lassen. Als sie das einsame Gnu sahen, nahmen sie, einer nach dem anderen, enttäuscht wieder Platz.
"Schön und gut", meinte einer im Bus gelangweilt, "ein Gnu."
Herr Mayer strahlte über sein ganzes schweinchenrotes Gesicht. "Yes," triumphierte er, "Gnu, Gnu, beautiful Gnu!".
Sein Finger tastete nach dem Auslöser und hier, am Rande des tierreichen Maasai-Mara-Reservats fotografierte Heinrich Mayer, Makler aus Stuttgart-Echterdingen, sein erstes einsa-

mes Gnu.

Hinter der nächsten Wegbiegung standen Tausende! Nein, hunderttausend Gnus und etwa halb so viele Zebras zogen grasend über die grüne Marasteppe. Einige führten schon Jungtiere mit sich. Die Savanne war gesprenkelt von den grauen und schwarzweißen Leibern der Tiere. Gnus, soweit das Auge reichte! Gnus, Gnus, Gnus! Herr Mayer kam aus dem Staunen nicht mehr heraus. Er hatte noch ein Bild für Gnus reserviert, aber er wußte nicht, wohin er das Objektiv halten sollte. Sie waren einfach überall! Vorne, hinten, rechts und links. Nördlich, südlich, östlich und westlich. Gnus, Gnus, Gnus. Und er hatte dieses einzelne, ausgestoßene Tier fotografiert, aus dreißig Metern Entfernung so klein und verloren! Hier standen sie formatfüllend 'rum. Dickbäuchig, schwanzwedelnd und blökend.

Sie schienen am Ende der Schöpfung aus den übriggebliebenen Einzelteilen anderer Huftiere zusammengesetzt zu sein: die staksigen Läufe einer jungen Giraffe gepaart mit dem plumpen Vorderteil eines Rinds und dem schlanken Hinterteil einer großen Antilope, der massige Kopf einer Kuh mit den Hörnern eines halbwüchsigen Kaffernbüffels, dem Bart einer Ziege und der Schultermähne des Mähnenschafs, schließlich der lange Schweif eines Pferdes. Schon die alten englischen Jäger hatten dieses Tier "the old fool of the veld" genannt. Und sie waren auch, wie sie sich bewegten und die Köpfe schüttelten, die Clowns der Savanne.

Herr Mayer war überwältigt. "Gnus", murmelte er, "das sind ja alles Gnus!" Dies war der Tag, als seine Mitreisenden beschlossen, ihm einen Spitznamen zu verpassen. Und sie nannten ihn "Mr. Mayer-Gnu".

Heinrich Mayer nahm es gelassen. Mit solchen Scherzen

konnte man ihn nicht ärgern. Was ihn ärgerte, war vielmehr, daß er noch immer keinen Löwen zu Gesicht bekommen hatte. Sollte er etwa nach Echterdingen zurückkehren und eingestehen müssen, er habe in ganz Afrika keinen Löwen gesehen?

Die Maasai-Mara war überwältigend. Vor den samtgrünen Abhängen der Bergkette spielten sich Szenen ab, die Herr Mayer sich nie hätte träumen lassen. Die Migration, die Zeit der großen Herdenwanderung hatte ihren Höhepunkt erreicht und zu Tausenden zogen die Huftiere aus der tanzanischen Serengeti herauf in die grünen Weidegründe der Maasai-Mara, wo sie ihre Jungen zur Welt brachten. Das größte Hindernis, das sie auf ihrer Wanderung zu überwinden hatten, war der braune und reißende Mara-Fluß.

Hier, wo die Tonnenleiber der Flußpferde dösend in der Sonne lagen, erfüllte sich das Schicksal von hunderten Gnus, Zebras, Antilopen. Ängstlich und vor Furcht schreiend stürzten sie sich in die Wassermassen der tödlichen Barriere, gehorchend einem uralten Instinkt, der schon vor ihnen Generationen und Generationen von Herden in den Tod oder ins Paradies geführt hatte: Sie mußten hinüber ans andere Ufer, es gab keinen anderen Weg, keine Ausweichmöglichkeit.

Tiere, die heil über den Fluß gekommen waren, lockten die Nachkommenden mit Blöken und Wiehern, Zebrastuten riefen ihren einjährigen Fohlen, Gnubullen ihren Kühen und Zebrahengste ihren Herden. Hier wartete das saftige Grasland, junges Grün, das sie im Süden zuletzt vergeblich gesucht hatten. Dürre und Trockenzeit hatten dort jeden grünen Halm verdorren lassen. Das kurze Gras war abgefressen, nur noch gelbe Stoppeln bedeckten die weiten Steppen, die vor Hitze stehende Luft erschwerte jeden Atemzug.

So waren sie aufgebrochen, dem inneren Trieb folgend und

witternd, daß im Norden saftiges Weideland und Wasser auf sie warteten, aber auch Gefahren und für die Schwächsten Tod und Verderben. Auf ihren Spuren, den Geruch von Beute und Blut in der Nase, die großen Beutegreifer und Jäger der Savanne.

Herr Mayer sah die aufgeblähten Kadaver der Gnus im schmutzigen Wasser treiben, schwimmende Inseln für Marabus und Adler, reich gedeckt der Tisch für Geier und Krokodile. Doch am nördlichen Ufer ging das Leben weiter, Hunger und Durst hatten ein Ende und vielen Fohlen und Kälbern wurde das Leben geschenkt. Die Auslese der Natur wollte es so: nur die kräftigsten und stärksten Tiere pflanzten sich fort. Die Jungen wiederum, schwach auf den Beinen und langsam, waren nun leichte Beute für Wildhund, Gepard und Löwe. Es mußte jetzt einfach Löwen geben in der Maasai Mara!

Und Herr Mayer bekam Recht: schon am selben Abend verkündete der Fahrer großspurig, man würde Löwen sehen, ganz sicher und vielleicht sogar bei der Jagd. Er hatte Spuren entdeckt und andere Fahrer hatten ihm von einem Rudel mit Jungen erzählt.

Herr Mayer genoß fröhlich das Abendessen, das wieder einmal typisch afrikanisch war. Es gab ein üppiges Buffet mit Mais- und Bohneneintopf, Chapati, Hühnchenkebab mariniert, Rongongosh, Chili, Süßkartoffeln, Maniok, Hirsebrei, Ananas, Melone und Kulfi, jene Safraneiskrem, die er so liebte.

Am nächsten Morgen bemerkte Herr Mayer, gleich nach dem Aufstehen, daß etwas nicht in Ordnung war. Sein Magen und die Gedärme waren im Aufstand und er mußte sich beeilen, noch rechtzeitig auf die Toilette zu kommen. Nun hatte es ihn also doch noch erwischt, ausgerechnet am letzten Tag der

Safari!

Herr Mayer rührte sich seine Medizin an und hoffte, daß die Verstopfung bald einsetzen würde. Doch während die anderen lustig frühstückten, saß er schon wieder auf dem Topf, ohne eine Verbesserung seines Zustands erreicht zu haben.

Sein Magen blubberte und grunzte wie die heißen Schwefelquellen auf den Inseln im Baringosee. Die Därme drückten ihn und alle Eingeweide schienen sich auf ihr kleinstes Volumen zusammenzuziehen. Das war ein Kneifen und Zwicken und dann wieder diese wäßrige Explosion und eine kurzfristige, vorübergehende Erleichterung.

Herr Mayer holte tief Luft und ging vorsichtig in sein Zimmer zurück, um sich anzukleiden. Da begann das Ganze wieder von vorn...

Er erwog, die Tour heute auszulassen und verwarf die Idee im gleichen Atemzug. Es waren schließlich Löwen angesagt, und nur darauf hatte er noch gewartet. Dieser Tag bot mit größter Sicherheit seine einzige und letzte Chance, dem König der Wüste Auge in Auge gegenüberzustehen. Also nahm er sich zusammen und ging schlürfenden Schrittes, innerlich immer noch auf die plötzliche Verstopfung hoffend, zum Safaribus.

Doch schon unterwegs überfiel ihn erneut jener unüberwindbare Drang. So kam es, daß Heinrich Mayer, Makler aus Stuttgart-Echterdingen, an diesem Morgen erstmals als letzter den Safaribus bestieg, mit gequältem Lächeln im Gesicht und einer Rolle Toilettenpapier in der Jackentasche.

Er war froh, als er saß und legte keinen Wert darauf, so schnell wieder aufzustehen, geschweige denn, auf den Sitz zu klettern, um besser sehen zu können. Er biß die Zähne zusammen, als der Bus durch die Mara holperte und blickte starr durch das Fenster in die Landschaft hinaus. Der Fahrer hatte schnell die

Löwenspuren gefunden und sie erreichten schon nach einer qualvollen Stunde das Rudel. Bei prächtigem Bilderbuchwetter präsentierten sich die herrlichen Tiere, inmitten der Savanne dösend, die Jungen verspielt die Alten neckend. Der Bus parkte unmittelbar neben dem Rudel, das sich überhaupt nicht stören ließ.

Heinrich Mayer verspürte keine Lust, sich zu regen. Er blieb still auf seinen Sitz gepreßt, nicht einmal fähig die Kamera hochzuhalten, um die fünf für die Löwen reservierten Aufnahmen zu machen. Im Gegenteil, die holpernde und wacklige Fahrt querfeldein (in der Maasai-Mara ist es sogar erlaubt, abseits der Pisten zu fahren) hatte seine Därme erst recht in Wallung gebracht. Als der Bus bei dreißig Stundenkilometern in ein Warzenschweinloch gerumpelt war, hatte es aller Konzentration Herrn Mayers bedurft, um seine Verdauung unter Kontrolle zu halten.

Mit schmerzverzerrtem Gesicht und Schweißperlen auf der Stirn, saß er jetzt im Bus, umgeben von seinen lang ersehnten Löwen und dachte nicht im entferntesten daran, Fotos zu machen. Die Kamera lag neben ihm auf dem Sitz und er starrte an den Löwen vorbei in die Unendlichkeit. Wie gerne hätte er die Löwen gegen eine einfache Toilette eingetauscht!

Auf einmal wußte Herr Mayer, daß er es nicht mehr länger aushalten würde. Besorgt blickte er zu den Löwen hinaus. Der alte Mähnenlöwe lag langgestreckt im Gras, auch seine beiden erwachsenen Begleiterinnen schienen zu schlafen. Aber die Halbwüchsigen und Jungen waren immer munterer geworden und tollten übermütig herum. Ob sie wohl Hunger hatten? Herr Mayer schluckte trocken. Seine Lage war aussichtslos. Oder vielleicht doch nicht so ganz?

Er bückte sich zu dem Fahrer nach vorne und flüsterte ihm

etwas zu. Dieser nickte kurz, startete den Motor und fuhr an. Die Mitreisenden waren zwar überrascht ob des abrupten Abschieds von den Löwen, hatten jedoch längst bemerkt, wie es um Mr. Mayer-Gnu stand und schwiegen.

Wohin er jetzt denn fahre, fragte Herr Mayer stöhnend. Er halte es keine Minute mehr aus, er müsse gleich jetzt und hier, sonst sei es zu spät. Was ihm denn lieber sei, Löwe oder Büffel, wollte der Fahrer wissen, ohne sich umzudrehen. Herr Mayer sah aus dem Fenster und zuckte zusammen.

Das Löwenrudel war schon fast ganz außer Sicht, doch vor ihnen blockierten etwa fünfzig Kaffernbüffel den Weg. Die Herde zu umfahren war schlichtweg nicht möglich und Herr Mayer wägte ganz kurz ab: die Löwen hatten seltsam hungrig ausgesehen und die Büffel galten als die unberechenbarsten und gefährlichsten Tiere der afrikanischen Savanne. Aber während die Löwen einen immerhin auffressen konnten, hatte man bei den Büffeln immerhin noch die Chance, schnell wieder im Wagen zu sein, ohne angeknabbert zu werden.

Bei diesen Gedanken spürte Herr Mayer sein Bedürfnis weiter wachsen. Die Zeit drängte. Löwen sind Raubtiere und es gab Geschichten über Menschenfresser, dachte er. Und Büffel waren eigentlich nichts anderes als große dickhörnige Kühe.

"Buffalo!" sagte er kurz entschlossen. Die Sache duldete keinen Aufschub mehr. Herr Mayer hatte keine andere Wahl. Der Bus hielt wenige Meter vor der Büffelherde und Herr Mayer stieg vorsichtig aus. Besorgt und in gewisser Weise auch belustigt blickten ihm die Reisegefährten nach. Mr. Mayer-Gnu verschwand gebückt hinter dem Bus und suchte einen niederen Strauch in etwa zwei Meter Entfernung auf.

Er sah nicht die Löwen und sah nicht die Büffel. Er dachte nicht an Schlange oder Skorpion. Er ließ nur eilig die Hose herunter und spürte die Erleichterung. Die Büffel blickten neugierig zu ihm herüber, die Löwen ignorierten ihn.

Herr Mayer fühlte, wie ihm wohler wurde und er schöpfte tief Luft. Einer der Bullen hob witternd den Kopf und scharrte mit dem Fuß. Herr Mayer mißfiel sich als Torero und mußte vor Angst gleich noch mal. Jetzt sah er nur noch die Büffel. Er sah nicht, wie im Bus einer nach seiner Rollei griff und ihn ins Visier nahm. Kurz darauf stieg Herr Mayer, doppelt erleichtert, in den Bus.

Am nächsten Tag war die Safari zu Ende.

Und so kam es, daß es doch wenigstens ein Foto von Herrn Mayer auf seiner ersten Afrikasafari gab. Es zeigte ihn, Heinrich Mayer, genannt Mr. Mayer-Gnu, Makler aus Stuttgart-

Echterdingen, wie er mit herabgelassener Hose in der afrikanischen Savanne saß und nach ein paar Kaffernbüffeln schielte.
Weit entfernt im Hintergrund döste verschwommen ein Rudel
Löwen. Es waren die einzigen Löwen, von denen Herr Mayer
ein Foto besaß.

Ein afrikanisches Schlitzohr

"Die Menschen erinnern sich an jedes Wort
und an dein Gesicht" (11.3.1997, Kenya)

Der Indische Ozean schimmerte in vielen Farben, als ich an
diesem klaren Märzmorgen zum ersten Mal nach vielen
Monaten wieder am weiß glänzenden Strand nördlich von
Mombasa stand. Das Hotel lag auf einem rötlichen Felsen hoch
über dem hellen Sandstreifen und bei Flut reichte das Meer bis
zur Steintreppe, die zum Strand hinunter führte.
Ich blickte hinaus zum Riff, wo sich die Wellen in schäumen-
dem Weiß brachen. Jenseits der Rifflinie strahlte der Ozean in
tiefem Azur, das weit draußen in der Endlosigkeit des Horizonts mit dem wolkenlosen Blau des Himmels verschmolz.
Die flachen, sandigen Kanäle zwischen Ufer und Riff jedoch,
in denen wie jetzt, bei Ebbe das Wasser gerade noch kniehoch
stand, schimmerten in einem sanften hellen Türkis, das dort,
wo ein dichter Seegrasteppich den Bodengrund bedeckte, in
ein dunkles Grün überging.
Ich genoß diesen Anblick, fühlte den leichten Windhauch, der
um diese Jahreszeit aus Nordosten blies und leise durch die
Palmwedel über meinem Kopf rauschte. Draußen blähte er die
Segel einer Dhau, die sich vielleicht vom "Kaskazi", wie die
Einheimischen diesen Passatwind nennen, vom Persischen
Golf hatte hierher an die ostafrikanische Küste treiben lassen.

Eine Stimme riß mich aus den Träumen, jemand rief vom
Strand her zu mir herauf. Ich war auf dem Felsen ganz nach
vorne getreten, um den Strand besser überblicken zu können.

Entsprechend gut konnte ich auch von unten gesehen werden. Dort saßen und lagerten, in Gruppen von sechs bis zehn Leuten, die einheimischen Händler, gewiefte Geschäftemacher und Feilscher, Schrecken aller Touristen, die sich aus dem sicheren Bereich ihrer Hotelanlage hinunter wagten an den Strand.

Während die Wachleute der K&K Security Guards dafür sorgen, daß die Händler das Hotelgelände nicht betreten, werden sie am Strand nicht nur geduldet, sondern sie haben sogar die Erlaubnis, sich hier niederzulassen und ihre Schnitzereien, Schmuck und Tücher anzubieten. Mit dem Blick eines Adlers, der aus dreihundert Meter Höhe die Beute am Boden liegen sieht, erkennen sie auf den ersten Blick den Neuankömmling, der sich unvorsichtigerweise an den Strand oder in dessen Nähe wagt.

Bleich und noch viel zu europäisch-warm angezogen mußte auch ich sofort aufgefallen sein und war jetzt zum Objekt für ein Tauschgeschäft auserkoren worden. "Hey, my friend!" rief es erneut vom Strand, als ich nicht sofort reagierte und eine Gestalt winkte mit beiden Armen zu mir herauf. Ich schüttelte ablehnend den Kopf und rief etwas hinunter, das ihm klarmachen sollte, daß mit mir heute keine Geschäfte zu machen waren. Armer Kerl, dachte ich dabei, denn ich wußte, daß ihm das bei fast jedem Touristen so erging.

Es war immer dieselbe Leier: am Anfang hatten diese reichen Weißen keine Zeit und keine Lust, Geschäfte zu machen, und am Ende, wenn sie dann abreisten, behaupteten sie, kein Geld mehr zu haben. Und ihr ständig vorgebrachtes Versprechen, ein anderes Mal zu kommen, und sich die Ware wenigstens anzusehen, hielten sie so gut wie nie. Ich fürchte, diese von uns so genannten "Beach Boys" haben dieselbe schlechte Meinung von uns wie wir von ihnen.

Dieses Mal hatte ich beschlossen, ihnen eine Chance zu geben. Also ging ich in mein Zimmer, zog mir die Winterklamotten aus und ging mit Badehose und T-Shirt bekleidet hinunter zum Strand. Sofort war ich von fünf, sechs Menschen umringt, die mich an den Händen zu fassen versuchten und mich davon abhalten wollten, einfach über den Strand zu laufen und im Meer zu verschwinden, wie es üblicherweise alle Touristen taten. Doch zu ihrer Überraschung blieb ich bei ihnen stehen, begrüßte jeden einzelnen von ihnen mit einem freundlichen "Jambo habari" und reichte ihnen die Hand. Die Verblüffung war perfekt. Sie schienen nicht zu wissen, was sie von der Sache halten sollten. Die Mienen ihrer Gesichter schwankten zwischen Verwunderung, Erstaunen und Freude.

Nur einer von ihnen, er war fast um einen Kopf kleiner als ich, hatte sich nicht aus der Fassung bringen lassen. Er nahm das allgemeine Fragenritual auf:
"Wo bist du her, my friend - ah Germany - heute gekommen?"
Dann spulte er seinen ganzen deutschen Wortschatz ab, was bei den meisten Touristen sicher Gelächter auslöste. "Steffi Graf, Franz Beckenbauer, Bayern München. Guten Tag und herzlich willkommen in Kenya. Mein Name ist Capt'n Easy und dort ist mein Geschäft. Du kaufst nix und wir reden bloß. Ich mach dir good price. Come with me. Auf geht's!"
Es waren wunderbare Schauspieler, und sie hatten ihre Rollen bis zur Perfektion gelernt. Sie wußten genau, mit welchen Formulierungen sie ahnungslose Touristen anlocken und mit welchen Tricks sie ihnen ein Geschäft aufdrängen konnten.

Trick Nummer eins: die Sprache der Kundschaft zu sprechen. Voraussetzung hierfür ist nicht allein das Vokabular, sondern zunächst zu erraten, aus welchem Land der potentielle Kunde kommt. In meinen Augen sehen am Strand alle Touristen gleich aus, doch gelingt es den Händlern immer wieder, sie in ihrer Muttersprache zu begrüßen, ohne sie vorher schon einmal gesehen oder beobachtet zu haben. Was aber ist an einem Franzosen so typisch französisch, wenn er doch nur eine Badehose trägt, was an einer Schweizerin so typisch schwyzerisch, wenn sie im Bikini zum Strand kommt? Gewiß, in manchen Hotels steigen bevorzugt Schweizer, Italiener oder Deutsche ab und es gibt auch oft Gelegenheit, aus Gesprächsfetzen die Nationalität zu erraten. Doch die hohe Trefferquote der Beach Boys läßt auf eine hervorragende Beobachtungsgabe und sicher gute Menschenkenntnis schließen.

Begrüßungsfloskeln in mehreren Sprachen gehören zum Grundwortschatz. Ein "Commet ça va" kommt ihnen genau so leicht über die Lippen wie ein "Grüezzi wohl!" Am Diani Beach habe ich vor Jahren einen Bootsfahrer kennengelernt, der sogar mehrere Redensarten in fünf, sechs deutschen Dialekten auf Lager hatte und den sächsischen Kunden ebenso im eigenen Idiom begrüßen konnte wie den Bayern oder den Schwaben. Und ein "ei verbibbsch" aus seinem Mund sicherte ihm sicher mehr sächsische Kunden als das Versprechen, einen besonders guten Preis zu bieten.

Auf diese Weise wird der Grundstein für ein Gespräch gelegt, in dessen Verlauf der Trick Nummer zwei zum Einsatz kommt: versuche den Touristen, der dir für kurze Zeit seine Aufmerksamkeit schenkt, dazu zu bringen, sich deine Ware anzusehen. Diesen Trick beherrschen nicht alle Händler gleich gut. Wer mit der Tür ins Haus fällt, hat schlechte Karten, denn natürlich wird Aufdringlichkeit immer mit Ablehnung quittiert. Manchmal hilft es, zunächst einfach Interesse an einem Gespräch zu signalisieren. Fragen nach Familie, Frau und

Kindern leiten solche Gespräche gewöhnlich ein, um dann anzufügen: "Come to my shop, in meinem Geschäft können wir uns ungestört unterhalten" und zur Sicherheit wird hinzugefügt: "ich will nichts verkaufen, nur mit dir reden!"

Hat diese Taktik keinen Erfolg, hilft nur noch ein letzter, tieferer Griff in die Trickkiste. Es wird ein Tauschgeschäft angeboten, nach dem Motto: etwas Wertloses aus deinem Besitz für eine wertvolle Schnitzerei deiner Wahl. Hier wird der Ahnungslose kaum widerstehen können. Die Verlockung, für ein Paar alte Socken einen dreißig Zentimeter hohen Ebenholzelefanten mit nach Hause zu nehmen, ist einfach zu groß. Oder die alten Badeschlappen für eine handgeschnitzte Maske loszuwerden. Hat man den "Laden", also das Gelände im Umkreis von drei Metern rund um die im Sand aufgestellten Figuren erst einmal betreten, beginnt für beide Parteien der Ernst des Lebens.

Sollte man nicht so vorsichtig gewesen sein, schon möglichst klargestellt zu haben, daß man keinesfalls an irgendwelchen Geschäften interessiert ist, jetzt ist dieses Bekenntnis zu spät. Nur unter übelsten Beschimpfungen wird man den "Shop" wieder verlassen, ohne etwas gekauft zu haben. Ganz fatal wird die Sache, wenn man gar Gefallen an einem der Kunstwerke gefunden hat. Nun beginnt der eigentliche Tauschhandel und man lernt seinen Meister kennen. Wird die Preistoleranz überschritten, werden harte Geschütze aufgefahren: "You kill me - du bringst mich um!" ist eine der gängigen Redewendungen, wenn man den Preis zu sehr gedrückt hat.

Jetzt tritt mit einem Mal eine ungeheure Solidarität unter den bisher eher konkurrierenden Händlern zutage und der Kunde sieht sich von einem halben Dutzend umringt, die ihm fast schon bedrohlich auf den Leib rücken. Er weiß jetzt, daß er sein Spiel zu weit getrieben hat. Mehr als einmal bin ich Zeuge solcher Auseinandersetzungen geworden, die für die reichen Urlauber oft mehr als peinlich waren.

Da regte sich ein blonder Österreicher mit hochrotem Kopf auf, schimpfte auf Afrika und das "Gesindel" am Strand. Vielleicht hat man ihn tatsächlich betrogen, sagte ich mir und fragte ihn nach dem Grund seiner Verärgerung. Ein Nashorn aus Teakholz habe man ihm angeboten, sagte er, im Tausch gegen seine Turnschuhe. Und als er gekommen sei, um den Tausch vorzunehmen, hätte der unverschämte Kerl noch fünf Dollar dazu verlangt. Da könne ich seine Aufregung verstehen, sagte ich, mit einem Blick auf die zerfledderten rissigen Turnschuhe, deren Sohlen kaum mehr Profil trugen. Über soviel eigene Naivität würde ich mich ganz sicher auch geärgert haben, fügte ich noch hinzu und ließ ihn stehen. Dabei begriff ich nicht einmal, wieso der Händler nicht sogar zehn oder gar zwanzig Dollar als Zuzahlung verlangt hatte. Das Nashorn war es sicher wert gewesen.
Kein Wunder, daß bei soviel Dummheit viele Touristen nur schlecht auf die Beach Boys zu sprechen sind. Ich hingegen habe erlebt, daß nichts leichter ist, als mit diesen Menschen ins Gespräch zu kommen und sie als Freunde zu gewinnen.

Ich sah Capt'n Easy am nächsten Morgen wieder, als ich mit Tauchmaske und Schnorchel bewaffnet zum Strand ging. Natürlich hieß er weder "Easy", noch hatte er den Rang eines Kapitäns. Viele der cleveren Händler, die täglich mit den zahlungskräftigen und wichtigtuerischen Touristen zu tun haben, legen sich phantasievolle Namen zu, um sich dadurch von der Masse abzuheben und auch als etwas Besonderes zu gelten. Ich habe unter ihnen einen Johnny Cash ebenso kennengelernt wie einen Justus France (der sich genau so schrieb), einen falschen Doc Holliday ebenso wie Charly Brown.

Capt'n Easy hatte gerade so viel von einem Kapitän wie unbedingt nötig war, nämlich ein Boot und eine weiße Mütze mit einem aufgestickten goldenen Anker. Die Mütze schien sogar echt zu sein, sicher hatte er sie im Hafen von Mombasa einem alten Seebären abgeluchst. Lustigerweise trug er unter der Kapitänsmütze noch eine unförmige handgestrickte Wollkappe, deren bunte Streifen bis zum oberen Rand seiner Sonnenbrille reichten. Diese Brille war es, die Capt'n Easy zu einer der auffallendsten Erscheinungen an der Nordküste machte. Es war eine große verspiegelte Gletscherbrille mit violett reflektierenden Gläsern und einem schneeweißen, kunstvoll geschwungenen Gestell. Die Gummibügel waren rund gebogen und ihre Enden blickten an den Ohrläppchen neugierig wie zwei kleine Perlen hervor. Es war unmöglich, hinter dieser Brille Capt'n Easys Augen zu erkennen und er hatte es leicht, den Strand zu beobachten, ohne daß es auffiel.

Capt'n Easy legte sehr viel Wert auf sein Äußeres. Es war nicht unwichtig, unter all den skurrilen Gestalten am Strand eine auffällige Erscheinung zu sein. Der schwarze Jeansanzug, den er trug, war ihm zwar etwas zu klein, doch kam sein muskulöser Körper darin recht vorteilhaft zur Geltung. Weiße Turnschuhe und eine bunte Swatchuhr mit giftgrünem Armband vervollständigten sein Outfit. Der Capt'n schlenderte gewöhnlich betont lässig - eben "easy" - über den Sand, wobei er einen Arm steif nach unten hängen ließ, während der andere auffällig rhythmisch vor und zurück baumelte. Er sah aus, als bewege er sich zu einer unhörbaren Rapmelodie und er erinnerte mich ein bißchen an den coolen "Leroy Brown" aus "Crocodile Dundee".

"Ich führe dich zur schönsten und größten Lagune auf dem ganzen Riff", verkündete er großspurig, "nur Capt'n Easy kennt sie, mein Freund. Große Fische, ganz ganz große Fische da draußen! Und billig, sehr sehr billig! Mein Boot, da draußen, neu, ganz ganz neu!"

Leider, sagte ich ihm wahrheitsgemäß, hatte ich schon tags zuvor einem Bootsfahrer namens Achmed den Trip versprochen und ich bat ihn um Verständnis dafür, daß ich meine Verabredung einhalten wollte. Seltsamerweise machte er nicht den geringsten Versuch, mich umzustimmen. Dies wunderte mich nun doch, immerhin war der Konkurrenzkampf ums Geschäft mit den Touristen hart, doch er grinste nur und sagte: "Well, aber das nächste Mal mit mir!" und wandte sich seinem nächsten Opfer zu.

Achmed, dessen gelbes T-Shirt hell leuchtete, winkte mir von weitem. Er schien schon befürchtet zu haben, daß ihm Capt'n Easy einen seiner Kunden abspenstig machen würde und strahlte über das ganze Gesicht, als ich auf ihn zuschritt. Er stellte mir seinen Kompagnon Hassan vor, mit dem er schon seit achtzehn Jahren zusammenarbeitete.

Zu zweit betreuten sie einen dieser alten, in seemännischen Ehren ergrauten Holzauslegerkähne, wie sie hier überall an der Küste vor Anker liegen. Der Kahn mit dem schönen Namen "Flamingo" schien schon mindestens zwanzig Jahre alt zu sein, das graue Holz war rissig und an der Außenseite mit grünen Algen überzogen, der Namenszug am Bug war bis auf die Buchstaben "F" und "g" ein Opfer von Wind und Wellen geworden.

Achmed wies mir meinen Platz in der "Flamingo" an und holte den Stein, der als Anker diente, ein. Hassan schob uns aus dem Flachwasserbereich und winkte uns nach, während Achmed mit dem Stechpaddel durch die sandigen Kanäle Kurs zum Riff nahm. Als wir tiefere Wasserzonen erreichten, hißte er das alte, zig mal geflickte braune Segel und der Wind trieb uns hinaus- zum Riff.

Achmed war gesprächig, interessierte sich für allerlei Dinge, die ich ihm über Europa und Deutschland erzählte. Als wir auf den Winter zu sprechen kamen, dem ich nun ja Gott sei Dank entronnen war, und ich ihm Eis und Schnee beschrieb, wurden seine Augen größer und größer. Am meisten faszinierte ihn allerdings die Geschichte von den Winterreifen, die man im Winter aufzieht, die Vorstellung von glatten Straßen war ihm total fremd. Dann erzählte er mir von seiner Frau, seinen drei

41

Kindern und von seinen Geschwistern, die alle mit ihren Familien bei ihm wohnten und ihr Geld mit den Touristen an der Küste verdienten.

Eine Schwester arbeitete als Friseuse in einem der Küstenhotels, ein jüngerer Bruder als Kellner und sein ältester Bruder als Fahrer für ein Safariunternehmen. Er verdiente am besten von allen, meinte Achmed, weil die Touristen ihm ein gutes Trinkgeld gaben. Allerdings war er wochen- und oft auch monatelang von zu Hause fort und sah seine Frau und seinen kleinen Sohn nur selten.

Wie er denn zufrieden sei, mit seinem Job, wollte ich von ihm wissen. Es sei ok, meinte er, es sei eigentlich ein guter, ein bequemer Job. Zwei bis drei Fahrten mit Touristen mache er in der Woche, wenn die Saison gut sei. Doch jetzt gingen die Geschäfte schlecht, lamentierte Achmed. Ich war bisher sein einziger Kunde in dieser Woche.
Wie er den Gewinn mit seinem Partner teile, fragte ich. Nun, derjenige, der den Kunden bringe, bekomme hundert Kenyashilling, weitere hundert gingen an den Bootsbesitzer. Ich stutzte. "Das Boot gehört nicht dir und Hassan?"

Achmed schüttelte den Kopf.
"Unser Boot gehört Capt'n Easy", sagte er. "Er hat eine Lizenz, vor den Hotels Touristen auf das Riff zu fahren. Wir arbeiten nur für ihn. Wenn wir viel aushandeln, bleibt mehr für uns übrig. Er zahlt für die Lizenz und für die Versicherung. Aber er hat viele Boote."
Ich rechnete nach. Im Durchschnitt 500 Shilling pro Person und Fahrt, davon 290 als Steuer für den Erhalt des Riffs, wenn es stimmte, was sie mir erzählt hatten. Immerhin war das Riff

Teil eines Marinenationalparks und jedes Boot mußte sozusagen Eintritt bezahlen. Hundert Shilling für Capt'n Easy. Blieben ihm und Hassan also noch 110 Kenyashilling, das waren knapp vier Mark pro Fahrt. Fast schämte ich mich, den vorgegebenen Preis von 1000 Shilling so weit heruntergehandelt zu haben.

Ein Kellner in den Hotels verdiente hundert Shilling am Tag, die Wachleute der K&K Security Guards 3100 Shilling im Monat. So gesehen verdienten Hassan und Achmed etwa die Hälfte dessen, was sein Bruder als Kellner nach Hause brachte. Wenn sie täglich eine Ausfahrt hatten und sie von ihren Kunden nicht unerträglich weit heruntergehandelt wurden.

Wir hatten das Riff erreicht und ich stieg kopfschüttelnd aus. In einer Stunde wollte mich Achmed wieder abholen. Inzwischen würde er am Strand nach neuen Kunden Ausschau halten. Vielleicht brauchte auch Hassan das Boot für eine Fahrt.

Ich nahm mir vor, am Strand für sein Unternehmen die Werbetrommel zu rühren. Es war ein lächerlicher Preis für eine Fahrt ins Paradies. Die Lagune, an der er mich abgesetzt hatte, wimmelte nur so von bunten Fischen, Seeigeln und Korallenstöcken. Der einzige Störenfried an diesem Vormittag war ich. Niemand sonst hatte sich heute mit einem der Boote zum Riff fahren lassen.

Capt'n Easy wartete auf mich, als ich nach dem Ausflug zum Hotel zurückspazierte. Er saß im Schatten der überhängenden Felsen und ließ das Wasser der zurückkehrenden Flut um seine Füße spielen. Die Wellen spülten den Sand über seine braunen Zehen und das rückfließende Wasser hinterließ zwei eingegrabene Beine, die wie dunkle Pfosten aus dem nassen Sand ragten. Als er mich sah, grinste er und winkte lässig. Er hatte soeben hundert Shilling verdient, ohne einen Finger krummzumachen.

Ich schätzte ihn auf maximal dreißig Jahre. Er war das, was man in Afrika einen Jungunternehmer nennen konnte. Er verstand es, aus allem und mit jedem Geld zu machen. Ob seine Geschäfte immer ganz legal waren, wage ich zu bezweifeln, doch er machte auf mich einen ganz und gar sympathischen Eindruck und auch seine "Mitarbeiter" schienen ihm wohlgesonnen. Ich konnte nie erfahren, wie er es zu seiner Vormachtstellung am Strand gebracht hatte oder woher sein Einfluß kam. Doch hatte ich mehr als einmal die Gelegenheit, ihn bei seinen Geschäften zu beobachten und stellte fest, daß er schlicht cleverer und gewitzter war, um nicht zu sagen schlitzohriger als seine Kollegen.

Der halbe Strand arbeitete für ihn, während er sich meist im Hintergrund hielt und das Treiben beobachtete. Kam es zu Streitigkeiten, schritt er ein. Durch seine betont coole Art war es ihm ein Leichtes, zwei aneinander geratene Hitzköpfe zur Raison zu bringen. Capt'n Easy hatte eine erstaunlich gute Beobachtungsgabe und bemerkte sofort, wenn die Verhandlungen für ein Geschäft aus den Fugen gerieten. Gewöhnlich ergriff er dann Partei für den weißen Touristen, verhalf diesem dadurch doch noch zu einem guten Geschäft und sicherte sich trotzdem seine Prämie, da die meisten der Shops am Strand ohnehin ihm gehörten.

Er war der Boß, ein kleiner Herrscher mit einem nicht unbedeutenden Einfluß. Auch zu den Wachen und Polizisten, die ständig am Strand patrouillierten, hatte er einen guten Draht, häufig sah ich ihn plaudernd mit den Uniformierten im Schatten stehen.

Für den nächsten Morgen hatte er mich zu einer Mombasatour überredet. Er kannte jeden Winkel der alten Hafenstadt, war im ältesten Viertel aufgewachsen und würde mich selbst in seinem Wagen fahren. Wir trafen uns um acht Uhr vor meinem Hotel. Capt'n Easy hatte seine Kapitänsmütze mit einer Chauffeurkappe vertauscht und präsentierte mir stolz einen blitzblank geputzten weißen Toyota, der sein ganzer Stolz war. Ich kannte Mombasa schon von früheren Reisen und war gespannt, was er mir Neues bieten würde. Er hatte versprochen, den ganzen Tag über Zeit zu haben und ich sah in der Tat mehr von Mombasa als auf jeder anderen Rundfahrt durch die Stadt.

Easy war eine stadtbekannte Größe, so schien es. Kein Parkplatz, wo er nicht einen Jungen beim Namen rief und ihn für ein paar Shilling auf den Toyota aufpassen ließ; keine Gasse, in der er nicht mindestens einen Ladenbesitzer kannte, kein Café, in dem man ihn nicht mit Handschlag begrüßte. An den Kreuzungen winkten ihm die Straßenhändler zu, Handwerker hielten vor ihren Werkstätten mit der Arbeit inne, um zwei Sätze mit ihm zu wechseln.
Es wurde mir klar, daß er diese Tour durch die Stadt auch ohne mich gemacht hätte, um verschiedene Besorgungen zu tätigen und Geschäfte abzuwickeln. Während ich mir die Sehenswürdigkeiten ansah, verschwand er in engen Gängen oder dunklen Spelunken, um zur abgemachten Zeit wieder grinsend am Auto zu stehen, ein Paket unterm Arm und ein Bündel Shillingnoten mehr in der Brusttasche, auf die er stolz klopfte. Ich war nur sein kleiner Zusatzverdienst an diesem Tag.

Das Café, in das er mich führte, gehörte seinem Vetter und ich bin mir sicher, daß in den Preis für das Sandwich und den Kaffee ein paar Prozent für Easy mit eingerechnet waren. Nur einen Wunsch schlug er mir aus: als ich ihn bat, mich zum Wakamba-Schnitzerdorf zu fahren, meinte er kopfschüttelnd: "Wieso, mein Freund? Die schönsten und preiswertesten Schnitzereien bekommst du bei mir am Strand. Und was du dort nicht findest, kann ich dir billig besorgen."

Natürlich war mir klar, daß auch er seine Schnitzereien aus dem Schnitzerdorf in Mombasa in Kommission nahm und für einen der viertausend Schnitzer verkaufte. Ich hatte die eingravierten Kennzahlen Kunsthandwerker auch bei seinen Schnitzereien am Strand gesehen.

Statt dessen führte er mich in eine der schmalen Hafengassen in der Altstadt, wo sein Bruder (oder wer auch immer es war) einen Laden hatte. In einem düsteren, kahlen Raum, der nicht einmal Fenster besaß und nur von einer flimmernden Glühbirne erhellt wurde, hingen Dutzende von Sisaltaschen. Wir wurden zum Tee eingeladen und die Hausherrin, eine hübsche Mulattin, ließ uns keine Ruhe, bis wir auch noch zum Essen blieben. Es gab Ugali, jenen Grieß, den man sich, zu Klößen geformt, mit der Hand aus einem gemeinsamen Topf holt und in den Mund schiebt. Nach dem Essen begannen die Verkaufsverhandlungen und ich trat den Heimweg mit drei bunten Sisaltaschen an.

Nachdem ich mich spätabends am Hotel von Capt'n Easy verabschiedet hatte, bemerkte ich, daß meine Sonnenbrille und mein breitkrempiger Sonnenhut fehlten. Ich mußte beides im Wagen oder aber bei Easy's Bruder vergessen haben. Da ich am nächsten Morgen schon früh zu einer ausgedehnten Safari aufbrechen wollte, hatte ich keine Möglichkeit mehr, Easy zu informieren.

Nun, der Verlust war zu verschmerzen, ich hatte für beides Ersatz.

Nach der Safari kehrte ich noch einmal für eine Nacht in mein Hotel an die Küste zurück. Das war ganz praktisch, denn so konnte ich meine Versprechen für die diversen Tauschgeschäfte am Strand noch einhalten. Turnschuhe, T-Shirts und ein paar andere Wäschestücke hatten ihre dankbaren Abnehmer gefunden, als ich in der Ferne Capt'n Easy sah. Ich rief seinen Namen und spazierte auf ihn zu. Doch er, kaum hatte er mich entdeckt, machte rasch kehrt und rannte eilends davon. Verwirrt über dieses seltsame Verhalten ging ich zu meinem Hotel zurück und stieg gerade über die Treppen zum Garten empor, als jemand meinen Namen rief.

Es war Capt'n Easy, der unten im Sand stand. Sein Grinsen reichte von einem Ohr zum anderen, als er meine Hand schüttelte.

"Du hast etwas vergessen, als wir in Mombasa waren", sagte er und reichte mir die Sonnenbrille und den Hut. Er konnte nicht wissen, daß ich zurückkommen würde und hatte doch beides für mich aufbewahrt. Ich hatte mich schon mit dem Verlust abgefunden und schämte mich fast dafür.

Monate später erhielt ich einen Brief von einem gewissen Lawrence Athuman Zulla aus Mombasa. Ich konnte mich nicht an den Namen erinnern und wunderte mich zunächst, weil er mir schrieb: "... und vergiß nicht, du hast einen guten Freund in Kenya."

Dann, mit etwas Mühe, entzifferte ich die Unterschrift: "Dein Capt'n Easy".

Eine kleine Nachbemerkung, aus aktuellem Anlaß:
Nicht lange nach meiner Rückkehr aus Afrika tauchten die ersten Schlagzeilen von Unruhen in Kenya auf. Unruhen, die

47

sich gerade in der Küstenregion von Mombasa abspielten und bei denen zahlreiche Menschen ums Leben gekommen waren. Begonnen hatte alles damit, daß etwa hundert bewaffnete Kenyaner eine Polizeistation bei Mombasa gestürmt und sechs Polizisten getötet hatten. Weitere Überfälle, Brandanschläge und Straßenschlachten folgten. Regierung und Oppositionsparteien warfen sich gegenseitig die Verantwortung für die Übergriffe im Vorfeld der Parlamentswahlen vor.

Urlauber wagten sich nicht mehr aus ihren Hotels, die als sicher galten. "Unverhofft entdecken jetzt zehntausende Kenia-Touristen, was es heißt, Urlaub auf dem Pulverfaß zu machen", meldete am 18. August 1997 eine Nachrichtenagentur. Vereinzelte Übergriffe auf touristische Einrichtungen schreckten schließlich viele Urlauber, die Kenya gebucht hatten, ab.

Ich machte mir in diesen Zeiten Gedanken, was aus den Händlern am Strand geworden war. Waren sie in die Gewaltaktionen verwickelt? Gehörten sie zu den Zehntausenden, die aus Mombasa geflohen waren? Oder hatte sie ihre Schlitzohrigkeit auch in dieser ernsten Situation retten können?

Ende Oktober 1997 schließlich erhielt ich einen Brief von Capt'n Easy. Es gehe ihm gut, schrieb er, wenn auch das Hotel geschlossen sei, für das er arbeite. Für's Überleben könne er ganz gut etwas Geld von mir brauchen, wenn es mir möglich wäre. Und wenn nicht, sei er froh, wenigstens einen Freund in Europa zu haben. Ich denke, daß er diesen Brief nicht umsonst geschrieben hat, das alte Schlitzohr!

Vom Vergnügen, mit Krokodilen zu baden

"Wir badeten in papyrusumstandenen Lagunen"
(4.9.1987, Botswana)

Die strauch- und baumlose Ebene der ausgetrockneten Savuti-Marsch im nördlichen Botswana flimmerte in der unerträglichen Hitze, die seit Tagen über dem Land lag. Alle Lebewesen hatten sich von hier zurückgezogen und in den angrenzenden Mopanewäldern Schatten gesucht. Doch die Kraft der Sonne ließ sich nicht aufhalten vom dürren Geäst der Bäume. Gnadenlos stach sie bis auf den grauen Boden, brannte ihm Risse und Furchen auf die ausgetrocknete und verdorrte Haut. Senkrecht fast stand sie oben am Himmel, ließ den spärlichen Schatten der größeren Bäume keine Chance, sich auszubreiten und den Tieren Schutz vor der Hitze zu bieten. Selbst das Zirpen der Zikaden verstummte unter dem dunstigen Hitzeschleier, der sich wie eine Glocke schwer und dumpf über die schon vor Jahren ausgetrocknete Flußsenke legte.

Das große Wasserloch war zu einem zähen Brei aus Schlamm und Tierkot geronnen, nur die kleinen, rebhuhngroßen Frankolins und die Halbmondtäubchen fanden noch einige Tropfen Wasser, jedoch nicht genug, um den Durst ganz zu stillen. Verzweifelt gruben die Elefanten mit ihren verschmutzten Stoßzähnen den Rand des Loches auf oder wateten brüllend und schnaubend, bis zum Bauch in dickflüssigem Morast versunken, durch die Kuhle.

Gnus und Sassabyantilopen standen dünn und ausgemergelt zwischen dürren Akazienbüschen und draußen, in der Endlosigkeit der gelben Savanne, versuchten sich zwei männliche

Strauße durch Aufplustern ihres schwarzweißen Gefieders Kühlung zu verschaffen. Ein einsamer Elefantenbulle stand verlassen im verdorrten Grasland in einer breiten, länglichen Mulde, die sich, einer versenkten Straße gleich, durch das Gelände zog. Das war das Bett des legendären Savutiflusses, eines Kindes des großen Vaters Okavango, einst Quell der Fruchtbarkeit und des Lebens für das ganze Land, dann vor Jahren ausgetrocknet und verloren für alle Zeit.

Man erzählt, ein Erdbeben habe sein Wasser über Nacht verschluckt, es hinabgesogen in ein unterirdisches System und seine Quelle für immer versiegen lassen. Tausende tote Leiber von Flußpferden und Krokodilen säumten danach das wasserlose Flußbett. Löwen, Hyänen und Geier hielten ihr Festmahl ab. Nur wenige, starke Flußpferde nahmen die Wanderung nach Westen auf sich und erreichten nach wochenlangen Strapazen und Qualen, nahezu ausgetrocknet, mit rissiger Haut, die sanften Weidegründe am Okavango, dem großen Fluß, der alljährlich in der Kalahari mit seinen Fluten einen Teil der Wüste in ein Paradies verwandelt.

Auch wir waren in diesen Hitzetagen vor die Wahl gestellt, ohne große Wasservorräte am ausgetrockneten Savuti auszuharren, oder die Reise zum "Juwel der Kalahari", zum Okavangodelta, anzutreten. Die Pumpe, die das Wasserloch bei den Mopanebäumen aus den unterirdischen Flußläufen speiste, hatte vor drei Tagen ihren Geist aufgegeben, die Ersatzteilbeschaffung konnte Wochen dauern. Auch unser Camp, unweit des alten Flußbetts, wurde von der Pumpe mit Wasser versorgt und wir waren gezwungen, unsere Wasserrationen auf jeweils vier Liter pro Person für die nächsten Tage einzuschränken.

Vier Liter Wasser für das Nötigste: Zähneputzen, Waschen und vielleicht eine Tasse Tee oder Kaffee. Andere Getränke führten wir zur Genüge mit und mit großen Tankwagen sorgten die Männer des Reservats dafür, daß auch die Tiere bis zur Reparatur der Pumpe nicht verdursteten.

Noch an jenem Tag, als wir vom Savuti aufbrachen, füllte einer dieser Tankwagen das Wasserloch mit einer Bodendecke frischen Wassers. Genug, um die Gnus, die Strauße und allen voran die Elefanten fürs erste zu versorgen. Es war tröstlich zu wissen, daß die Tiere hier nicht im Stich gelassen wurden. Guten Gewissens machten wir uns daher auf die Reise nach Südwesten, über staubige Pisten, vorbei an Löwenrudeln, einzelnen Giraffengruppen, majestätischen Rappenantilopen und neugierigen Kuduböcken mit ihren Schraubenziehergehörnen, durch endlose sandige Savannen und akazienbestandenes Buschland.

Am Nachmittag wurde die Vegetation grüner und kräftiger, die Erde fester und die Luft feuchter. Der erste Wasserbock galoppierte vor uns über die Piste, in der Nähe strichen weiße Reiher und Heilige Ibisse von den Wipfeln der Bäume ab. Der Weg führte über eine holprige Brücke aus ungeschälten Baumstämmen, blankes Wasser schimmerte zwischen grünen Binsen aus einem Meter Tiefe. Wir hatten das Delta des großen Flusses erreicht. Kurz darauf passierten wir die Einfahrt zu unserem Camp im Moremireservat, wo drei kahle weißgebleichte Schädel von Büffel, Kudu und Impala, an einem Termitenhügel befestigt, die Ankommenden unheimlich begrüßen.

Es war noch weit über eine Stunde bis zum Einbruch der Dämmerung, die sich, wie überall in den Tropen, recht schnell vollzog, als wir im Camp ankamen. Noch stach die Sonne unbarmherzig vom wolkenlosen Himmel und wir entstiegen, verschwitzt und nach Abkühlung lechzend, den aufgeheizten, unklimatisierten Jeeps. Vor uns lag, inmitten der Wüste, das Paradies. Eine klarblaue Lagune, schattig und kühl, umgeben von schwankendem Schilfrohr und saftigem Papyrus. Ein kleiner Holzsteg führte zum Wasser, wo ein altes blaues Motorboot und zwei Mokoros, die Einbäume der Flußbuschmänner, vertäut lagen.

Wasser!

Den Durst hatten wir auf der langen Fahrt mehrfach gestillt, aber was hier vor uns lag, war mehr, als wir uns erträumt hatten: kein Swimmingpool der Welt hielt dem Vergleich stand mit dieser natürlichen Lagune! Das Wasser so klar, daß man bis auf den dunklen Grund sehen konnte, und von einer Temperatur, die uns Wüstenfüchse geradezu zum Baden einlud. Der Safariführer schien unsere Gedanken zu lesen, denn er sagte:

"Baden ist hier kein Problem. (Erfreutes Grinsen auf unseren Gesichtern) Es gibt hier keine Bilharziose und nur wenige Blutegel. Nur ein paar Krokodile. (Grinsen wich trockenem Schlucken) Aber wenn wir fünf Minuten lang mit dem Motorboot kreisen, verschwinden sie ganz sicher!" (Zögernde Rückkehr des Grinsens).

Keiner von uns zweifelte an seinen Worten. Wir streiften Khakihose und T-Shirt ab und warteten ungeduldig, bis das Rattern des Motorboots ertönte. Alan, unser schwarzer Fahrer, saß im Heck und steuerte das Boot in die Lagune. Es zerpflügte die glatte Wasseroberfläche und hinterließ zwei weiße Wellendächer, die sanft den Ufern zutrieben.

Wir suchten die Ränder der Lagune nach Bewegungen ab. Nichts zu sehen. Keine kalten Augen, die uns anstarrten. Kein Baumstamm, der ans Ufer schwamm und dort mit triefenden

Lefzen ans Trockene stieg. Kein Reptilkörper, der sich in rasender Flucht aufpeitschend ins Wasser stürzte und versank. Nur das gleichmäßige Dröhnen des Motors, das ein paar Meter weiter eine Handvoll Wasservögel aufscheuchte. Alan drehte seine Kreise in der Lagune und winkte uns heran.

Das ließen wir uns nicht zweimal sagen. Übermütig und vergnügt jagten wir in die kühlen Fluten, spürten die Wellen über unseren Köpfen zusammenschlagen, standen bald im nur schultertiefen Wasser in Ufernähe und spritzten uns gegenseitig naß. Dann schwamm jeder für sich allein. Es war ein ganz besonderes Schwimmen in diesem unberührten Pool, weit holten die Arme aus bei jeder Bewegung und das Gesicht tauchte ein in die erfrischende Gischt. Das Wasser hatte einen feinen Geschmack, man konnte es trinken. Es erinnerte mich fast an Tafelwasser aus einer tiefen Schwarzwaldquelle, nur war es wärmer, weicher und wilder.

Ich schwamm hinaus, fünf, zehn Meter vom Ufer weg. Doch dann - was war das an meinem Fuß! Ein heftiger Griff hatte meine Wade gepackt und daran gezerrt. Ich spürte keinen Schmerz, doch die Angst versetzte mir einen Stich. Hastig zog ich das Bein zurück, da tauchte neben mir der bärtige Kopf unseres Safariführers auf. Er war es, der mich gepackt und mir einen tüchtigen Schreck eingejagt hatte! Lachend und erleichtert stieg ich mit ihm an Land.

Bequeme Klappstühle nahmen uns auf und wir erholten uns am sonnigen Ufer des Okavango von der Hitze und den Entbehrungen der letzten Tage. Doch es hielt uns nicht lange an Land, zu dritt wollten wir noch hinausfahren ins abendliche Delta, den Sonnenuntergang vom Boot aus genießen und ein paar Fische fangen. Mit Alan kletterten wir ins Motorboot und fuhren hinaus in die Sümpfe. Die Lagune war vor unserem

Camp am breitesten und verjüngte sich allmählich zu einem schmalen Kanal. Hohes Papyrusgras säumte beide Seiten wie die Wände einer grünen Schlucht, einzelne Halme ragten auf die Wasseroberfläche herein und schlugen uns ins Gesicht. Doch Alan fuhr langsam und wir konnten meist ausweichen. Am Ende des Kanals öffnete sich die Lagune zu einem breiten flachen See, in welchem abgestorbene Bäume wie Skelette in den abendlichen Himmel ragten. Drüben, am anderen Ufer, spiegelte sich eine einsame Palme im klaren Wasser.

Ein weißes Motorboot schoß mit hoher Geschwindigkeit auf uns zu, um in die Lagune einzubiegen. Alan wich nach rechts aus und wir machten den Rasern Platz. Es waren Gäste, deren Camp noch einige Meter weiter flußaufwärts an einem Nebenarm "unserer" Lagune lag. Die Wellen, die sie verursachten, ließen unser Boot bedrohlich schwanken. Dann hatten wir den See für uns allein. Alan stellte den Motor ab.

Der See war in Wirklichkeit nur ein breiter Arm des Okavango, einer von vielen Tausenden, die sich hier im Binnendelta wasserspendend in die Wüstensande der Kalahari hineinfraßen. Vom stehenden Boot aus sah man das Wasser im Zeitlupentempo fließen und die Halme der Binsen und Seggen bogen sich in lang gedehnten Kurven sanft flußabwärts. Seerosen bedeckten einen großen Teil der Wasserfläche mit ihren großen Schwimmblättern und verwandelten diesen Teil des Sees in ein gelb-weiß-rotes Blütenmeer. Das Blaustirnblatthühnchen huschte, auf seinen überdimensional großen Zehen balancierend, geschickt auf der schwimmenden Grünfläche umher. Auf den Sumpffeigen, die wie waldige Inseln aus dem Wasser ragten, ließen sich die ersten Marabus und Schlangenhalsvögel zur Nachtruhe nieder. Reiher und Störche hatten hier ihre Nistplätze und ein großes Durcheinander an Vogelstimmen erfüllte die Luft.

Vor unserem leise treibenden Boot tauchten sechs kleine Höcker aus dem Wasser auf: Nüstern, Augen und Ohren eines Flußpferds. Auch hier und dort und da kamen sie auf einmal zum Vorschein. Listig blinzelten die Tiere mit ihren schwarzen Augen zu uns herüber und verspritzten fleißig Wassertröpfchen mit ihren kleinen rosa Ohren .

Wir hielten die Angelruten erfolglos ins Wasser und beobachteten den rötlichen Abendhimmel, wo allmählich die Sonne eintauchte in die schwarzgolden schimmernden Fluten des großen Okavango.

Erfüllt von der herben Schönheit und der sanften Dramatik dieses Schauspiels kehrten wir schließlich ins Camp zurück.

Den Abend verbrachten wir bei Geschichten am Lagerfeuer. Geschichten vom großen Fluß und seinen Bewohnern. Sagen von Buschmännern und wilden Tieren. Die Geschichte einer Französin, die nachts trotz Warnungen ihrer Begleiter, allein ein Bad im Okavango genommen hatte; man fand am Morgen nur ihre Sandalen und ein Handtuch am Ufer, von ihr selbst fehlt bis heute jede Spur.

Leicht fröstelnd - es war inzwischen spät und damit kühl geworden - begaben wir uns in die Zelte, die unmittelbar am Ufer der Lagune standen. Glockenfrösche und Ziegenmelker sangen das Wiegenlied, als ich allmählich in einen erholsamen Schlaf hinein dämmerte. Nur einmal erwachte ich kurz, als ein weidendes Flußpferd grunzend und schmatzend über die Zeltschnüre stieg. Am anderen Morgen entdeckte ich seine Kotspuren am Leberwurstbaum vor meinem Zelt. Die hellen, gurkenförmigen Früchte dieses Baumes gehören zu den Leibspeisen der schwergewichtigen Hippos, die sich nachts zum Grasen an Land begeben.

Die nächsten Tage am Okavango gehörten dem Wasser. Stocherfahrten im Mokoro, Angelausflüge in das Delta, und vor allem das Badevergnügen in der Lagune. Welch ein Gefühl, nach den Entbehrungen im Savuti! Und doch, ich schwamm bewußt. War das Geräusch des Motorboots verebbt, kam eine Unruhe in mir auf und ich versuchte, mit den Augen die Wasserfläche um mich herum zu durchdringen. Immerhin hatten wir schon Krokodile von beträchtlicher Größe in der Nähe entdeckt und die Geschichte der Französin spukte in meinem Kopf herum.

Auch ich war gerade allein im Wasser. Alan hatte den Motor abgestellt und ließ das Boot treiben. Ich paddelte vorsichtig umher und fühlte den Grund an meinen Füßen. Fast überall konnte ich stehen. Kleine Fische schwammen um mich herum, Barsche vermutlich, und im Uferdickicht hatte ich grüngepanzerte Wasserschildkröten beobachtet. Schade, daß ich keine Taucherbrille im Safarigepäck hatte! Ein Tauchgang in dieser tropischen Süßwasserwelt reizte mich wohl. Weder Fische noch Schildkröten störten sich offensichtlich am Geräusch des Motorboots.

Und die Krokodile?

Sind Reptilien nicht taub? Reagieren die Kobras der Schlangenbeschwörer nicht ausschließlich auf die Bewegung der Flöte und überhaupt nicht auf die Musik? Warum aber rufen dann manche Geckos in der Nacht? Worauf reagieren Krokodile? Spüren sie die Schwingungen des Motors im Wasser? Signalisieren bestimmte Schwingungen nicht Gefahr, andere dagegen Beute? Was signalisieren die schaukelnden Bewegungen eines abgestellten Motorboots? Ein ertrunkenes Gnu? Beute?

Ich bewege mich nicht. Das Wasser wird kühl. Etwas platscht neben mir. Ich fahre herum. Alan hat den Rest eines Apfels über Bord geworfen. Sofort sind Fische da. Der Apfel ist verschwunden. Weggezerrt. Unter Wasser. Reiche Beute für

kleine Fische. Welches Signal hat der Apfel ausgesandt? Ich stoße vom Grund ab und schwimme auf dem Rücken, den Blick zum wolkenlosen Himmel. Alan läßt den Motor an. Ich schwimme trotzdem vorsichtig. Etwa wie im Meer, wenn man vor Feuerquallen in der Gegend gewarnt wurde und eine Begegnung mit ihnen vermeiden will. Noch fünf Meter zum sicheren Ufer. Vier, drei, zwei ... geschafft! Die Krokodile haben das Nachsehen. Für heute habe ich genug gebadet, doch die Sonne brennt gnadenlos.

Noch am selben Tag waren wir abends wieder in den Fluten. Noch ahnte ich nichts von der Gefahr, in die ich mich begab. Eine Gefahr, die - soviel weiß ich heute - mein Leben für eine Sekunde an einem seidenen Faden hängen ließ.

Wir schwammen um die Wette. Quer über die Lagune und zurück, etwa hundert Meter jede Strecke. Alan war bei uns, die Krokodile waren vergessen. Die Gefährten am Ufer feuerten uns an. Wir pflügten durch das herrlich warme Wasser, angetrieben von Übermut und Kampfgeist. Am jenseitigen Ufer wendeten wir und schwammen zurück. Endspurt. Kraulend zerteilten wir das Wasser, kaum für eine Sekunde tauchten die Gesichter aus dem Wasser auf, um Luft zu holen.

In einem dieser Atemzüge sah ich die vertraute Silhouette von Alans blauem Boot seitlich hinter mir schwimmen. Mit den Ohren unter Wasser hörte ich das beruhigende Geräusch des Motors laut und deutlich. Ich hatte die Spitze übernommen und konzentrierte mich auf das Ziel. Kraulte. Schätzungsweise noch zwanzig Meter. Ich war allein, weit vor den Gefährten. Innerlich freute ich mich schon über meinen Sieg. Aber ich ließ in meiner Anstrengung nicht nach. Kraulte. Ehrgeiz hatte mich gepackt. Gefährlicher Ehrgeiz.

Ich höre nichts als meine Arm- und Beinschläge im Wasser und das Motorboot. Das Gurgeln des Motors erscheint mir mit einem Mal lauter als zuvor. Auch die Richtung, aus der es kommt, ist eine andere. Ist Alan neben mir?

Dann höre ich meinen Namen rufen. Laut und deutlich, zwischen zwei Kraulzügen. Es klingt wie ein Schrei. Und plötzlich ist mir klar: das *ist* ein Schrei! Nein, mehrere! Man schreit meinen Namen! Es schießt mir durch den Kopf: das ist kein

Anfeuern, das sind Warnschreie! Entsetzen packt mich, fast Panik. Ich spüre die Gefahr in meiner Nähe, halte ein und hebe den Kopf aus dem Wasser. Da schießt es auf mich zu, mit einer Geschwindigkeit, die mir den Atem nimmt.

Aus dem Schreien wird ein Kreischen. Ich sehe nur die rasende weiße Wand und tauche! Es ist ein Reflex und ich tauche so schnell wie noch nie in meinem Leben, fühle den weichen Grund an meinem Oberkörper und entgehe so um Haaresbreite der in Höchstgeschwindigkeit rotierenden Schraube des vorbeibrausenden Motorboots. Ich sehe den Schatten über mich hinwegblitzen und fühle einen Sog, der mich nach oben ziehen will. Mit aller Kraft bleibe ich unter Wasser und tauche erst auf, als das Geräusch des Motors deutlich abgenommen hat.

Die Gefährten hatten mich totgeglaubt, zerfetzt und zerhackt von dieser mörderischen Maschine eines Rücksichtslosen. Zuerst sah ich Alan. Er stand mit entsetztem Blick in seinem Boot, der Motor war verstummt. Als er mich entdeckte, stieß er einen Jubelschrei aus, in den die Gefährten im Wasser und an Land einstimmten. Sie winkten mir glücklich zu, während am Ende der Lagune das weiße Motorboot mit ungebremster Geschwindigkeit in einem Kanal verschwand.

Die Rücksichtslosigkeit übermütiger Safarigäste hatte mich fast das Leben gekostet, während uns die gefürchteten Krokodile ruhig in ihrem angestammten Revier baden ließen. Mit allen Gefahren Afrikas hatte ich gerechnet auf dieser Tour, vom wütenden Elefanten bis zur tückisch speienden Kobra. Aber daß mir aus der Zivilisation mit ihrer modernen Technik gepaart mit der Vergnügungssucht mancher Zeitgenossen hier in der Wildnis die größte Gefahr erwuchs, wird mir auf immer eine Lehre bleiben.

Sie sind tatsächlich berechenbarer, die wilden Bestien, nein -

die anmutigen Krokodile des großen Okavango -, berechenba-
rer als manche der lieben egoistischen und rücksichtslosen
Mitmenschen. Und manches Mal habe ich mir seither die
Frage nach den wahren Bestien auf dieser Erde gestellt.

Paula und das Kamel

"Das Kamel hingegen, scheint geradezu vergnügt"
(10.9.1993, Tunesien)

Paula hieß eigentlich gar nicht Paula, aber das wiederum hat nichts mit dem Kamel zu tun. Wie das Kamel hieß, ist leider auch nicht überliefert, aber einer gängigen Praxis folgend nennen wir es einfach Suleika. Erstens ist das ein guter Name für ein tunesisches Kamel, und wenn schon Paula nicht Paula hieß, muß das Kamel ja auch nicht Suleika geheißen haben. Sollte es ein Kamelhengst gewesen sein, hat es sogar mit Sicherheit anders geheißen, doch wer kann das heute noch wissen! Und zweitens - naja, irgendeinen Namen braucht es ja, unser Kamel, denn immer nur von einem Kamel zu reden, dürfte bei einer Geschichte, in der letzten Endes doch recht viele Kamele vorkommen, reichlich zu Verwirrungen führen. Vielleicht sollte die Überschrift daher besser "Paula und Suleika" lauten, doch lassen wir das.

Jeder weiß nun, daß Suleika ein Kamel ist und Paula - nun ja, eben Paula. Paula stammte von der Schwäbischen Alb und hatte die Reise in einem Preisausschreiben gewonnen. In dem Rätsel wurde nach einem Tier gefragt, das als Reise- und Transportmittel in der Wüste verwendet wird, ein Tier mit acht Buchstaben, vier Beinen und einem Höcker. Paula hatte das Rätsel ohne fremde Hilfe gelöst, und so trat sie die Reise nach Tunesien auch ohne Begleitung an. Sie mußte sich schon einiges anhören, nachdem sie mit dem Reiseziel herausgerückt war. 'Die schicken dich in die Wüste', meinte ihr Vetter Hansjörg, und ob sie denn ein Eimerchen und eine Schaufel für den großen Sandkasten mitnehme, wollte ihre Kollegin Moni wissen. Den größten Schreck jagte ihr aber ihr Squashpartner Tom ein, der sie fragte, ob sie denn schon einmal auf einem Kamel geritten sei.

Daran aber hatte sie nun wahrlich nicht gedacht! Ein Kamelritt in die Wüste war so ziemlich das Letzte, was sie auf einer Urlaubsreise erleben wollte. Doch es war ja schließlich logisch, daß man auf einer Reise, die man durch das Erraten des Wortes "Dromedar" gewonnen hatte, die Wüste auch vom Rücken eines solchen aus kennenlernen würde. "Abenteuer Südtunesien mit dem Jeep", las sie da in ihrem Reiseprogramm. Von blühenden Oasen mit Dattelhainen war da die Rede, von idyllischen Berberdörfern und atemberaubender Wüstenlandschaft. Kein Wort von einem Kamelritt! Paula nahm sich die Zeit, auch das Kleingedruckte genau zu studieren, ohne Erfolg. Doch Tom sollte trotzdem recht behalten.
Das wurde Paula spätestens dann bewußt, als man ihr am dritten Tag ihrer Rundreise durch das nordafrikanische Land einen Turban verkaufen wollte. Von der Wüste hatte sie bisher noch nicht allzu viel zu sehen bekommen. Eine schlaflose, von lautem Autohupen untermalte Nacht in Sousse hatte sie hinter sich, die Besichtigung eines alten römischen Amphitheaters oder was davon noch übrig war in El Djem, den Besuch eines orientalischen Marktes in Sfax und eine Kutschenfahrt durch die palmenbestandene Meeresoase Gabès. Keine Kamele weit und breit. Doch die Wüste hatte sie immer noch vor sich.

Der Turban stand ihr ganz gut und sie hätte gewiß ihre Freude daran gehabt, doch verflog ihr Lachen mit einem Mal. Nicht etwa daß sie die paar Dinar reuten, die der Fetzen Stoff kostete, oder daß sie der Knoten zur Verzweiflung gebracht hätte, mit dem man sich den Turban auf dem Kopf festbinden mußte. Sie schockierte vielmehr der Zweck dieser Kopfbedeckung: man wollte die Kamele darüber hinwegtäuschen, daß auf ihrem Höcker europäische Touristen Platz genommen hatten, statt der einheimischen Kameltreiber! Der Turban als Tarnkappe für Kamele. Paula schluckte trocken, was in der sandigen Umgebung des Dorfes, in dem sie den Turban gekauft hatte, auch nicht weiter schwer fiel. Schon am morgigen Abend, meinte ihr Führer mit einem breiten Grinsen im Gesicht, würde der Turban dieser Aufgabe nachkommen. Doch man könne ohne Sorge sein, man bekomme schließlich auch noch einen echten Kaftan übergezogen, damit einen das Kamel auch wirklich nicht mehr vom echten Karawanenreiter unterscheiden könne.

Paula hatte wenig Appetit an diesem Abend. Selbst den berühmten Couscous ließ sie stehen, samt Hammelfleisch, fritierten Auberginen und Melonen. Insgeheim beschloß sie, sich einfach vor dem Ritt auf den Wüstenschiffen zu drücken. Aus Erfahrung von ihrer Mittelmeerkreuzfahrt wußte sie, daß ihr die schaukelnden Bewegungen ohnehin nicht gut bekommen würden. Abgesehen davon konnte sie ja niemand zwingen, auf so ein Kamel zu steigen. Dachte Paula. Doch zu diesem Zeitpunkt hatte sie Suleika noch nicht kennengelernt.

Am nächsten Morgen erreichten sie den Rand der Wüste. Es war genau so, wie sich Paula die Sahara vorgestellt hatte. Sand, soweit das Auge reichte. Ächzend quälten sich die Jeeps über die holprigen Pisten, der mehlfeine Sand kroch durch jede Ritze und war auf einmal überall: in den Kleidern, auf der Haut, in den Augen, in den Haaren. Er knirschte sogar zwischen den Zähnen beim Kauen. Selbst die Sonne hatte sich hinter einem dicken Schleier aus Sand versteckt. In der Oase Douz sah Paula das erste Kamel, es war ein verwahrlostes

Tier, das neben einer halbzerfallenen Hütte im Sand lag und sich nicht rührte.

Am Nachmittag brach sich die Sonne eine freie Bahn durch den Dunst, der über der kargen Landschaft hing, hier und da tauchten blaue Himmelfetzen auf und vereinzelt erhoben sich Dattelpalmen wie Statuen einer fremden Welt aus den Dünenhügeln. Das war die Wüste, wie Karl May sie beschrieben hatte. Nicht weit von hier lag der Chott El Djerid, der größte Salzsee der Sahara. Bei Karl May hieß er Schott Al-Dscherid und Paula hatte in "Durch die Wüste" entsetzliches über diese gefährliche Gegend gelesen: "*Der Schott Al-Dscherid verschlang schon Tausende von Kamelen*", hieß es da, "*und Menschen. Im Jahre 1826 mußte eine Karawane, die aus mehr als tausend Lastkamelen bestand, den Schott überqueren. Ein unglücklicher Zufall brachte das Leitkamel, das an der Spitze des Zuges ging, vom schmalen Weg ab. Es versank im Abgrund des Schotts. Ihm folgten alle anderen Tiere, die rettungslos in der zähen, seifigen Masse verschwanden.*"

Paula erschauderte bei dem Gedanken, der Willkür und Sturheit eines solch dummen Tieres hilflos ausgeliefert zu sein. Wenn es sich nun in der Wüste verirrte? Wenn es nicht mehr zurückfand zur Oase, sondern immer weiter hineintrabte in das Meer aus Sand und Verderben? Nicht einmal einen Kompaß hatte sie in ihrem Reisegepäck, es hatte ihr ja auch niemand etwas von dem gefährlichen Ritt in die Wüste gesagt. Wie sollte sie sich verständigen mit einem Kamel, das im besten Fall ein paar Brocken arabisch verstand? Was, wenn es sie abwerfen würde und sie läge mit gebrochenen Rippen in der Wüste, von Schmerzen geplagt und dem Tod des Verschmachtens nah. Solch düstere Gedanken gingen ihr nicht mehr aus dem Kopf, seit sie das Kamel von Douz gesehen hatte. Trübsinnig saß sie im Garten des Hotels, von wo aus sie in wenigen Minuten zum Lagerplatz der Kamele aufbreche würden.

Ganz anders ihre Reisegefährten. Geschäftiges Treiben herrschte um sie herum. Da wurden Turbane gebunden, Feldflaschen mit frischem Mineralwasser gefüllt, gescherzt und gelacht und immer wieder der feine Unterschied zwischen einem Dromedar und einem Kamel diskutiert. Das seien nämlich gar keine Kamele, die in jener Gegend durch die Wüste karawanten, meinte Didi aus Sachsen. Die Höcker seien ausschlaggebend für die Einteilung in Kamele und Dromedare, und alles, was sich mit nur einem Höcker auf dem Buckel durch die Wüste bewege, sei aus zoologischer Sicht eindeutig als Dromedar anzusehen. Bei mehr als einem Höcker könne man dann von Kamelen reden, die es aber hier in der Gegend ganz sicher nicht gebe. Deshalb sei die Bezeichnung "Kamelritt" unzutreffend und es müsse eigentlich "Dromedarritt" heißen.

Paula entlockten solche Äußerungen nur ein müdes Lächeln und wäre die Lage nicht so ernst gewesen, hätte sie gerne Licht ins Dunkel der Kamelphilosophie gebracht. Paula hatte sich nämlich bei der Beantwortung des Preisrätsels sehr wohl um das Verwandtschaftsverhältnis der Kamelfamilie gekümmert. So wußte sie, daß der Name Kamel durchaus auf die hiesigen Wüstenschiffe zutraf, wobei man das einhöckrige afrikanische Kamel Dromedar, das zweihöckrige asiatische Kamel aber Trampeltier nannte. Was letzten Endes einem Kamel ziemlich egal sein dürfte, solange man ein Dromedar nicht als Trampeltier bezeichnet.

Doch es war ihr in diesem Augenblick ziemlich gleichgültig,

65

ob sie denn nun auf dem Höcker eines Dromedars oder eines Kamels in ihr Verderben reiten würde. Die Stimme ihres tunesischen Führers riß sie aus ihren Gedanken. Alles war zum Aufbruch bereit. Paula stöhnte und erhob sich. Lange hatte sie sich überlegt, ob sie nicht einfach eine Ausrede erfinden und im Hotel bleiben sollte. Doch dann hatte ihre Neugier letzten Endes doch gesiegt. Man konnte sich die Kamele ja mal ansehen. Ein schönes Motiv gab es sicher ab, die Karawane am Rande der Wüste, dazu vielleicht der Ball der untergehenden Sonne. Und ihre Entscheidung, dann doch nicht mitzureiten, würde vor Ort schnell getroffen sein. Sie würde einfach in der Oase bleiben und auf die Rückkehr der anderen warten. Im Übrigen war sie nicht die Einzige, die dem Erlebnis Kamelritt skeptisch gegenüberstand. Es gab da noch ein paar andere Frauen in der Reisegruppe, die einem gemütlichen Kaffeeplausch in einem Oasencafé sicher den Vorzug geben würden. Mit solcher Zuversicht gestärkt machte sich Paula, bekleidet mit Kaftan und Turban, auf den Weg zu den Kamelen.

Das heißere Bellen und Fauchen war schon zu hören, als die Kamele noch gar nicht in Sicht waren. Sie lagerten in einer Ebene südlich der Oase, etwa zweihundert Tiere und ihre Treiber, deren Schreie und Kommandos die Grunzlaute und das Röhren der Dromedare zu übertönen versuchten. Die Sonne stand schon tief im Westen und warf ein sanftes Licht auf die märchenhafte Kulisse am Rande der Sahara. Die Kamele lagen in Reih' und Glied nebeneinander, manche gelangweilt wiederkäuend, andere aufgeregt die Hälse reckend. Paula wunderte sich über die vielen unterschiedlichen Farben der Tiere, es gab da alle Braunschattierungen, vom hellen Ocker bis zum dunklen Schokoladenton. Manche der Tiere waren fast weiß, oder zumindest hellgelb, andere fast schwarz oder eher gräulich. Alle trugen auf ihrem Höcker ein Gestell, das wohl als Sattel dienen sollte und aus einem Holzgerüst, das auf ein Lammfell gebunden war und aus einem gestreiften Teppich bestand. Mit einfachen Schnüren, die unter dem Bauch der Tiere hindurchliefen, hatte man die Sättel befestigt und Paula fand, daß sie keineswegs einen sicheren Eindruck machten. Als Halfter trugen die Tiere ebenfalls einfache Schnüre, die lose über die Schnauze hingen und hinter den Ohren festgezurrt waren.

Jedes Kamel bekam nun seinen Reiter zugeteilt (oder war es eher umgekehrt?) und unter Lachen und Fotografieren stiegen die mutigen Kara Ben Nemsis auf ihre Wüstenschiffe, die sich blökend und kreischend erhoben und gemütlich im Gänsemarsch Richtung Dünen wanderten. Gruppenweise zusammengebunden trotteten sie hintereinander her, das erste jeder Karawane von einem der Treiber geführt. Nichts schien bei der Sache gefährlich zu sein, und doch stand Paula noch abseits und zögerte. "Na, was ist", meinte Didi und schwang sich lachend auf sein Tier, "ich würde mich beeilen, solange die Auswahl noch so groß ist!"
Paula sah sich um. Immer mehr Touristen entstiegen den Bussen und Landrovern und strömten zum Sammelplatz der Kamele. Rasch hatte jeder sein Lieblingsdromedar ausfindig gemacht. Tiere, die besonders ruhig lagen, mit glänzenden Augen und treuem Blick hatten schnell einen Reiter gefunden. Um die störrischen Schreihälse, die ihre langen Hälse nicht ruhig halten konnten und die von ihren Treibern nur mit lautem Geschrei und Stockschlägen gebändigt werden konnten, machten selbst die mutigsten Reiter große Bögen. Didi hatte recht! Paula mußte sich schnell entschließen, um noch ein gutes Kamel zu erhalten.

Ihr Blick fiel auf ein hellbraunes Jungtier mit gepflegtem Fell und gelangweiltem Blick. Es machte einen äußerst zahmen Eindruck und sein Besitzer hatte sich lässig gegen seinen Sattel gelehnt. Paula ging auf die beiden zu und der Tunesier lachte sie an. "Suleika?" fragte er und Paula nickte zögernd. Er nahm sie bei der Hand und führte sie, sehr zu ihrer Überraschung, von dem jungen Kamel weg zu einem ausgewachsenen Tier mit fast zartbitterschokoladenfarbenem Fell. Es verdrehte grunzend die Augen, als es Paula sah und bewegte den Hals vor und zurück wie eine Kobra im Korb eines Schlangenbeschwörers. Der schmale Kopf drehte sich in alle Richtungen und aus den hängenden Lefzen triefte der Speichel.

"Suleika", sagte der Treiber und zeigte auf das Kamel, dessen Höcker, jetzt da es am Boden lag, Paula fast bis unters Kinn reichte. Paula deutete zu dem Hellbraunen.

"Das nicht Suleika?" Der Tunesier schüttelte den Kopf.

"Suleika", wiederholte er und streichelte den Hals des dunklen Tieres. Mit einem Laut, der dem Grollen eines Donners glich, stieß das Kamel nach seiner Hand und der ganze Körper des Tieres schien von der Bewegung zu beben. Paula schüttelte den Kopf. Nein, dieses Monster würde sie nie besteigen. Niemand konnte sie dazu zwingen, niemals.

Und doch: die Neugier war es, die sie in den Sattel trieb. So sah sie die Welt vom Höcker eines Kamels aus. Gar nicht so hoch, dachte sie für einen Augenblick, doch das war auch kein Wunder: das Kamel lag noch am Boden. Man mußte ja nicht gleich losreiten, wenn man oben saß. Dachte sie. Doch sie hatte ihre Rechnung ohne Suleika gemacht.

Plötzlich aber kam die Sache bedenklich ins Wackeln. Der Treiber rief ihr irgend etwas zu, als sich das hintere Ende des Wüstenschiffs mit einem Mal erhob und sie fast mit einem gekonnten Purzelbaum über den Hals des Tieres in den Schoß von Mutter Erde zurückgekullert wäre. Doch zwei starke Hände hielten sie. Paula fand keine Zeit, ihr inneres und äußeres Gleichgewicht wieder zu erlangen, als sich auch schon das

vordere Ende des Kamels in die Lüfte erhob und sie sich in einer Höhe von annähernd zwei Metern über dem Saharaspiegel schweben sah. Jetzt stand das Kamel und Paula holte tief Luft. Es gab kein Zurück mehr. Suleika hatte sie überlistet. Sie war auf dem Sattel nach hinten gerutscht und saß etwas unbequem auf dem rauhen Teppich. Ihre Hände tasteten nach dem Holzgestell, das vom Hals des Kamels aufragte und als Griff diente. Keine Sekunde zu früh fand sie Halt, denn schon setzte sich das Wüstenschiff in Bewegung.

Paula ritt durch die Wüste, ihre Augen weit aufgerissen und die Finger krampfhaft am Sattelknaufgestell. Sie wagte es nicht, sich umzudrehen, doch aus den lachenden Stimmen hinter sich schloß sie, daß sie nicht die Letzte in der Karawane war. Suleika hielt gut Schritt mit ihren Kameraden, Paula hatte zu ihrer Erleichterung festgestellt, daß die Tiere mit Seilen aneinander gebunden waren und sich einfach im Gänsemarsch folgten. Sie wiegte sich im Takt des sanften Schaukelns und empfand den Passgang ihres Kamels als sehr angenehm, ja sogar beruhigend. Keine Spur von Seekrankheit. Leise summte sie vor sich hin, blickte verträumt in die Dünen, die um sie herum jetzt das Bild bestimmten und fand auf einmal den Ausflug ganz bezaubernd.

Das änderte sich in dem Augenblick, als sich Suleikas Seil vom Schwanz ihres Vorderkamels löste. Wie verschwunden war auf einmal ihr Drang, in Reih' und Glied zu marschieren. Sobald sie ihre Freiheit erkannt hatte, löste sie sich aus der Karawane und schritt ein paar Meter abseits. Paula sah sich um. Nur noch ein Kamel war hinter Suleika angebunden und folgte ihr treu. Es war jedoch reiterlos und trug nicht einmal einen Sattel. Sicherlich war es ein Fohlen, ein Lehrling, dem die Karawanenarbeit gerade erst beigebracht wurde. Hilfesuchend hielt sie nach den Treibern Ausschau, die die Karawane zu Fuß begleiteten. Jetzt, wo man sie brauchte, war natürlich keiner zu sehen.

Paula zog energisch am Zügel, um Suleika zum Halten zu bewegen. Suleika fauchte und verdrehte die Augen. Als Paula noch einmal zog, war es ihr zuviel. Ihr Kopf fuhr herum und mit einem energischen Biß teilte sie Paula mit, was sie von ihren Dressurversuchen hielt. Paula schrie auf. Ihr Schreck war größer als der Schmerz, den Suleikas Zähne in ihrem Unterschenkel hinterlassen hatten.

Mit zunehmender Sorge registrierte Paula, wie sich Suleika immer weiter von der Karawane entfernte, ohne daß es von den anderen bemerkt wurde. Natürlich, mit ihrem Turban war sie kaum von den Einheimischen zu unterscheiden, und ein Reiter, der sich mit zwei Kamelen durch die Wüste bewegte, konnte keinen Verdacht erregen. Sie mußte auf sich aufmerksam machen! Doch Suleika bekam auch ihr lautes Rufen offensichtlich in den falschen Hals. Oder sollte "Halloooo" auf kamelianisch der Befehl zur schnelleren Gangart sein? Es schien so, denn Suleika fiel in einen leichten Trab und Paula fast in den weichen Sand.

Außer Suleika hatte niemand auf ihren Ruf reagiert. Sollte sie es noch einmal wagen? Und wenn das Kamel dann noch schneller rannte? Nein, die Entfernung zur Karawane war schon zu groß, sicher konnte sie überhaupt nicht mehr gehört werden. Sollte sie sich einfach in den Sand fallen lassen? Und sich dabei alle Knochen brechen, geschickt wie sie nun einmal war? Das kam für Paula nicht in Frage. Außerdem war Suleika viel zu hoch für einen todesmutigen Sprung.

Die Karawane entzog sich hinter einer langgezogenen Düne ihrem Blick. Jetzt war sie auf Gedeih und Verderb Suleika ausgeliefert. Was hatte das Kamel vor? Warum war es nicht einfach bei der Herde geblieben? Paula dachte an Kara Ben Nemsi. *"Ein unglücklicher Zufall brachte das Leitkamel, das an der Spitze des Zuges ging, vom schmalen Weg ab".* Wohin würde sie der Zufall führen? Welchen Weg hatte Suleika eingeschlagen? Wie lange würde sie sich im Sattel halten können, bevor sie erschöpft herunterfallen würde? Wie lange konnte ein

Mensch hier ohne Nahrung und Wasser überleben?

Paula fühlte den Sand auf ihren Lippen und spürte ihre trokkene Zunge. Sie hatte Durst. Warum zum Teufel hatte sie ihre Feldflasche nicht mitgenommen? Suleika hatte wieder die gemütlichere Gangart eingeschlagen und schritt gemächlich durch das Dünenmeer. Paula hielt nach Spuren Ausschau, doch es war nichts zu entdecken. Nur einmal lagen zwei alte verformte Schuhe im Sand. Wie die wohl ihren Weg hierher gefunden hatten?

Langsam bekam sie es nun doch mit der Angst zu tun. Um das Kamel brauchte sie sich keine Sorgen zu machen, Suleika kam sicher tagelang ohne Wasser aus. Aber was, wenn es sie nun abwerfen würde? Mitten in der Sahara, zu Fuß und ohne Wasser!

Sie hörte die Flöten und Trommeln, als Suleika über den Kamm einer flachen Düne zog. Als feuerroter Ball versank soeben die Sonne im Sandmeer und Paula merkte, wie der kalte Abendwind unter ihre Kleidung schlich. Dann hörte sie menschliche Stimmen und atmete erleichtert auf. Wo es Menschen gab, würde man ihr helfen können. Unbewußt trieb sie Suleika an und das Dromedar fiel in einen leichten Trab. Würde es sie zu einer Oase bringen, zu einer Beduinensiedlung? Würde sie sich mit den Menschen verständigen können? Gespannt lauschte Paula auf die Musik, die aus der Wüste an ihre Ohren getragen wurde. Dann sah sie die Männer.

Es war weder ein Dorf, noch eine Oase. Hier, zwischen zwei Dünen, lagerte eine Handvoll Männer mit ihren Kamelen. Sie hatten nicht einmal ein Feuer angezündet, obwohl die Nacht sehr kalt zu werden versprach. Suleika grunzte zufrieden, als sie ihre Artgenossen witterte. Ungeduldig trabte sie in das Dünental und blieb ein paar Meter vom Lagerplatz der Männer entfernt stehen. Die Männer sahen neugierig zu der fremden Reiterin herüber, dann stand einer auf und kam auf sie zu. Er rief etwas in einer Sprache, die Paula nicht verstand und winkte sie zu sich heran. Einen Augenblick zögerte sie, doch dann hielt sie es für klug, von Suleikas Rücken zu klettern, bevor das Kamel seinen Weg erneut eigenmächtig fortsetzen würde. Und so legte sie sich bäuchlings flach auf den Sattel und streckte ihre Beine nach hinten. Sie glitt über den Rücken des Kamels nach unten und ließ sich in den feinen Sand fallen. Diese akrobatische Glanzleistung löste bei den Männern allgemeine Erheiterung aus. Sie wußten nun, daß sie es nicht mit einer Tochter der Wüste, sondern mit einer Touristin zu tun hatten, die noch nie in ihrem Leben von einem Kamel abgesessen war.

Paula klopfte sich den Sand aus den Klamotten und fand, daß sie unausstehlich nach Kamel roch. Das störte die Männer jedoch nicht. Sie hießen sie mit einem bunten Wortschwall willkommen und boten ihr einen Platz in ihrer Mitte an. Die Männer waren zu fünft, doch es gab nur drei Kamele. Im Sand stand ein halbes Dutzend Kästen mit Coca-Cola und Limonade und Paula fragte, in welche Gesellschaft sie hier wohl geraten war. Doch keiner der Männer sprach französisch oder gar deutsch. So saßen sie eine ganze Weile schweigend und Paula mußte sich eingestehen, daß sie die Stille und Einsamkeit der Wüste genoß. Ein Gefühl der Sicherheit hatte sie beschlichen. Welch ein Erlebnis, hier mit den Wüstensöhnen zu lagern, weitab von jeder Zivilisation, allein in der Wildnis.

Sie saßen wohl fünf Minuten zusammen, als auf dem Dünenkamm ein Kamel mit Reiter auftauchte, danach ein zweites und ein drittes. Eine ganze Karawane zog schließlich über die Düne, laut schwatzten und lachten die Reiter. Paula beobachtete die Ankömmlinge und bildete sich ein, deutsche Sprachfetzen aus dem Stimmengewirr herauszuhören. Die Karawane hielt auf das Lager zu, schließlich knieten die Kamele nieder und die Reiter stiegen ab. Paula wurde klar, daß Suleika eine Abkürzung zu dem Platz genommen hatte, an dem die Touristen den Sonnenuntergang beobachten und sich mit Getränken stärken konnten. Sie war hier sozusagen auf den Verpflegungstrupp gestoßen.

Ein Mann, der die Karawane zu Fuß begleitet hatte, deutete auf das Getränkelager und wie eine Meute hungriger Hunde stürzten die Reiter herbei und machten sich über die Flaschen her. Paula sah Didi und die anderen aus ihrer Gruppe, hörte die lauten Stimmen ihrer Reisebegleiter. Wie ein Schwarm Hornissen waren sie in die Oase der Ruhe eingefallen und hatten in wenigen Sekunden alle Illusionen zerstört. Paula blieb bei den Männern sitzen und drückte ihren Turban tief ins Gesicht. Sie wollte nicht erkannt werden, hatte irgendwie das Gefühl, lieber zu den Beduinen gehören zu wollen als zu den wichtigtuerischen Reisenden. Für ein paar Minuten nur war sie ein Kind der Wüste gewesen, ein Erlebnis, das ihr für immer unvergeßlich bleiben würde.

Schließlich stand sie auf und ging hinüber zu Suleika, die sich abseits von den anderen Kamelen hielt. Suleika hob witternd den Kopf und fauchte leise. Paula blieb stehen und betrachtete das Tier, das sich schwarz gegen den Abendhimmel abhob. Für kurze Zeit waren sie einen gemeinsamen Weg gegangen, Paula und das Kamel. Vorsichtig streichelte sie Suleikas Hals, was sie mit einem sanften Grunzen quittierte.

Die Zeit zum Aufbruch war gekommen. Einer der Treiber zwang Suleika, sich niederzuknien und half Paula in den Sattel. Dann führte er Suleika zu den anderen Kamelen und band ihr Seil mit festen Knoten an das Sattelgestell eines anderen Dromedars. Diesmal gab es kein Entkommen. Sie mußten mit der Masse ziehen. Und Paula war fast etwas traurig darüber. In weniger als einer Stunde kamen sie zum Ausgangspunkt zurück, wo die Busse und Landrover auf die Touristen warteten. Schwatzend und lärmend stiegen sie von den Kamelen, um in ihre noblen Hotels zurückzufahren und an den Bars mit ihren Erlebnissen zu prahlen. Paula verabschiedete sich von Suleika und stieg als letzte in den Jeep. Niemand hatte ihr Verschwinden bemerkt und für einen Augenblick dachte sie daran, wie es wohl gewesen wäre, diese Nacht draußen bei den Beduinen in der Wüste zu verbringen, ohne all die anderen Mitreisenden, weitab jeder Zivilisation und als weiches Kopfkissen Suleika, das Kamel.

Das Karl-May-Zitat stammt aus:
Karl May, Durch die Wüste. Nach der 1892 erschienenen Erstausgabe neunearbeitet von Peter Korn. Bertelsmann GmbH 1963.

Herrn Nötzlis Glück mit Elefanten

"Wir hatten eine nicht ungefährliche Begegnung mit einem
großen Elefantenbullen" (2.9.1987, Botswana)

Die Katastrophe war perfekt. Das teure Gerät war naß
geworden, nicht nur feucht, sondern richtig naß. Es war, im
wahrsten Sinn des Wortes "baden" gegangen. Und das war nur
diesen Möchtegernfischern zu verdanken, die unbedingt an
jenem Morgen in der Lagune einen der legendären Tigerfische
an Land ziehen wollten. Dabei war die Küche im Buschcamp
so perfekt, das Essen so abwechslungsreich, daß es einer
Ergänzung des Speisezettels gar nicht bedurft hätte. Hinzu
kam, daß Hugo Nötzli selbst eigentlich gar keinen Fisch
mochte. Und doch hatte er sich dazu überreden lassen, mit dem
wackligen Einbaum, den sie hier Mokoro nannten, hinauszu-
fahren, um die Angelei im Bild festzuhalten. Es war wie
immer: Hugo Nötzli hatte die professionellste Kameraaus-
rüstung der ganzen Safari und war von der Gruppe zum Haus-
und Hoffotografen ernannt worden. Natürlich fühlte er sich
geschmeichelt und sagte nicht nein, wenn es darum ging, sein
fotografisches Talent unter Beweis zu stellen. Das hatte er nun
davon!

Das Delta des Okavango war reich an schmalen Kanälen und
flachen Lagunen, in denen sich Welse, Barsche und Tigerfische tummelten. Doch es war auch ein Paradies für
Vogelfreunde, und allein deshalb hatte sich Hugo Nötzli dieser
Safari angeschlossen. Vögel waren sein Leben, er hatte alle

bedeutenden Vogelschutzgebiete in Europa und Übersee besucht, kannte den Nestos in Nordostgriechenland und das Wolgadelta am Kaspischen Meer ebenso wie die Everglades und den Nakurusee. Nun war er an den Okavango gereist um eines der größten Naturparadiese des südlichen Afrika zu studieren. Hier, in den Sümpfen und Papyruswäldern war für die Vögel der Tisch reich gedeckt, vor allem die Fischjäger wie der herrliche Schreiseeadler oder die Fischeule litten keine Not, aber auch die langbeinigen Störche und Reiher nisteten zahlreich in den Sumpffeigen.

Hugo Nötzli hatte auch schon den im Flug fischenden Scherenschnabel auf der Jagd beobachtet und fotografiert, wie er, dicht über dem Wasser fliegend und mit dem verlängerten Unterschnabel die Oberfläche streifend, einen unvorsichtigen Fisch schnappte. Er hatte Königsfischer mit dem Dreihunderter-Objektiv formatfüllend herangeholt und den in allen Farben leuchtenden Weißstirnspint vor die Linse bekommen. Er hatte viel Zeit damit verbracht, Pelikane, Ibisse, Löffler und Schlangenhalsvögel im Delta aufzuspüren und war eigentlich voll auf seine Kosten gekommen. Nur einen Wunsch hatte er noch offen: zu gerne hätte er die scheue Afrikanische Zwerggans vor die Kamera bekommen. Doch die Tiere waren schnell und selten und tauchten erstaunlich gut.

Der Ausflug mit den Fischern war eine gute Gelegenheit, seinem Ziel ein Stück näher zu kommen. Wenn man stundenlang in einem Boot dümpelte, um einen Fisch an den Haken zu bekommen, waren die Chancen nicht schlecht, die kaum entengroßen Wasservögel aufzuspüren. Und so stieg Hugo Nötzli an jenem Morgen, bepackt mit seiner Spiegelreflex, dem großen Tele, einem leichten Stativ und einem Zehnerpack Filme in den aus einem Stamm geschlagenen Einbaum, um sich, zusammen mit Peter und Günter von Theba, ihrem Guide, zur Lagune staken zu lassen. Die Sonne war gerade aufgegangen, als sie die große freie, nur mit Seerosen bewachsene Wasserfläche westlich des Camps erreichten. Die Blüten der Wasserlilien waren noch geschlossen, der nächtliche Gesang der Riedfrösche schon verstummt. Auf den Bäumen putzten die Seidenreiher und Nimmersattstörche ihre Gefieder und die ersten Marabus strichen von ihren Schlafplätzen ab, um auf Nahrungssuche zu gehen. Ein kleines Krokodil durchquerte die Lagune, der Ruf des Seeadlers drang an ihre Ohren und irgendwo, draußen im unendlichen Wasserlabyrinth grunzten zufrieden die Flußpferde.

Sie hatten dicke Maden und ein paar kleine Fische als Köder mitgebracht, die beiden Angelruten und der Kescher lagen im Boot. Theba stakte den Mokoro zur Mitte der Lagune, wo keine Seerosenblätter die Sicht auf den Grund versperrten. Hier standen große Fische knapp unter der Wasseroberfläche und tauchten nur langsam ab, als sich der Einbaum näherte. Die beiden Angler hatte das Jagdfieber gepackt. Schnell, fast hektisch wurden die Köder an den Haken befestigt und schon flogen sie zischend über ihre Köpfe hinweg und landeten mit einem kurzen Plätschern im Wasser. Hugo Nötzli hatte sich in den Bug des Mokoro gesetzt, wo er den anderen nicht im Weg war. Im Heck kniete Theba, der das Boot mit kurzen Schlägen der Stange in gute Positionen brachte und mit scharfen Augen die Wasseroberfläche beobachtete. Jetzt, am frühen Morgen, sprangen die Fische überall in der Lagune. Doch das meiste waren Welse, fast meterlang und bei den Einheimischen als Delikatesse geschätzt.
Gespannt verfolgten drei der Männer das Zupfen und Ziehen an den beiden Schnüren, während der vierte im Bunde mit dem

Fernglas das Pflanzendickicht nach Vögeln absuchte. Bald schon zog und riß es an den Schnüren, es sah zunächst recht verheißungsvoll aus, doch was sie ins Boot zogen, war nichts anderes als ein Gewirr von Wasserpflanzen, die sich im Angelhaken verfangen hatten.

Die Angler hatten Geduld. Hugo Nötzli war das recht, so konnte er in Ruhe beobachten, fotografieren und Vögel bestimmen. Der Hobbyornithologe war ganz in seinem Element. Die leichte Strömung des Okavango trieb den Mokoro unmerklich langsam südwärts, doch ein, zwei Stocherzüge Thebas genügten, um das Boot in die gewünschte Position zurückzubringen. Plötzlich bekam eine der beiden Ruten ungewöhnlich starken Zug. Das mußte ein Fisch sein! Peter kurbelte vorsichtig, um ein Reißen der Schnur zu verhindern. "Das ist kein Wassersalat", meinte er, "das ist ein Fisch, und zwar kein kleiner!"

Er sollte Recht behalten. Das aufgewühlte Wasser verriet den Kämpfer, dann sahen sie den weißen Bauch im Sonnenlicht unter der Wasseroberfläche glänzen. Sekunden später lag der Fisch im Mokoro. Es war ein Wels, fast einen halben Meter lang. Thebas Augen leuchteten, als er Peter das Messer reichte, um dem Fisch den Garaus zu bereiten. Vier Hände reichten kaum, um die Bewegungen des kräftigen Fisches in Zaum zu halten und das Boot schaukelte bedrohlich, als Hugo Nötzli die Situation im Bild festhielt. Der tote Fisch zuckte immer noch und die schwarzen Augen blickten starr zum Himmel, als Peter seinen Arm in das bartenbewehrte Maul steckte, um den Haken aus dem Schlund zu ziehen. Plötzlich fuhr seine Hand zurück und er zeigte auf den metallisch glänzenden Rücken des Fisches.

Aus den Poren der Fischhaut drangen unzählige weiße Maden ans Tageslicht, als seien sie soeben unsichtbaren Eiern entschlüpft. Angewidert wandten sie sich ab; der Appetit auf frischen Wels war ihnen gründlich vergangen. Schon wollte Peter die Beute wieder ins Wasser werfen, als ihn Theba zurückhielt. Für ihn war der Wels eine Delikatesse und die Würmer störten ihn nicht. So steckte er den Fisch in seinen Leinenbeutel, um ihn später in Streifen zu zerschneiden und zu trocknen. Der Fischbiltong war lange haltbar und ein guter Nahrungsvorrat.

Peter und Günter hatten die Nase von Welsen gestrichen voll und schlugen vor, einen anderen Platz zu suchen. Theba stakte das Boot Richtung Ufer, zu einer Stelle, wo er schon häufig Tigerfische gefangen hatte. Schon waren die Köder wieder im Wasser und die Spannung wuchs. Wieder hatte einer angebissen.

"Das ist ein Tiger, seht ihr es!" rief Peter erfreut. Der Fisch war kräftig und die Angel bog sich unter seinem Zug.

"Bei mir hängt auch einer dran!" rief Günter und verlor fast das Gleichgewicht, als er im Boot aufstand, um besser sehen zu können. Theba vergaß das Staken und starrte fasziniert auf die straff gespannten Schnüre. Es war nicht einfach, die Beute zu bergen, zu viele Wasserpflanzen gab es am Grund, in denen sich die Schnüre verfangen konnten. Theba eilte nach vorn, um den beiden Petrijüngern zu helfen. Hugo Nötzli wechselte unterdessen schnell das Objektiv, um die Aktion gebührend festhalten zu können. Dann blickte er durch den Sucher, sah Peter, wie er mit der im Wasserpflanzenwirrwarr festhängenden Schnur kämpfte und Günter, der mit Thebas Hilfe seine Schnur Meter um Meter aufrollte. Das Wasser wogte und brauste, es schien ganz unmöglich, daß zwei Fische solche Wellen verursachten. Plötzlich hatte Hugo Nötzli eine graue Masse im Sucher. Er stellte scharf und blickte direkt in das wütende Gesicht eines Elefanten.

Keiner von ihnen hatte darauf geachtet, wie der Mokoro abgetrieben war und sich dem Ufer genähert hatte. Und niemand hatte gesehen, daß dort ein einsamer Elefant ins Wasser gestiegen war, um die Lagune zu durchqueren. Jetzt versperrten sie ihm den Weg und der Dickhäuter setzte zum Angriff an. Hugo Nötzli schrie auf, die Köpfe der anderen fuhren herum und Theba erkannte die Gefahr. Der Elefant war noch etwa zehn Meter vom Boot entfernt, doch die Wellen, die er vor sich her schob, hatten den hölzernen Rumpf bereits erreicht.

"Alle hinsetzen!" schrie Theba und hechtete zum Heck, wo seine Stange lag. Sie mußten versuchen, sich von dem Angreifer zu entfernen. Noch war es nur eine Scheinattacke, doch wenn der Mokoro weiter auf den Elefanten zutrieb, würde er ohne Zögern Kleinholz aus ihnen machen. Der graue Riese stellte wütend seine Ohren und schob den Rüssel witternd nach vorn. Er war jetzt stehen geblieben und beobachtete, wie Theba nach der Stange griff und sie mit voller Kraft in den weichen Bodengrund stemmte.

"Die Angeln!" schrie Peter und Theba bremste den Schwung ab. Die Schnüre der Angeln hingen noch immer im Wasser, rettungslos im Gewirr der Schwimmpflanzen verfangen.

"Wir müssen die Schnüre kappen", meinte Günter und griff zum Messer.

"Und die Fische?" Peter riß und zog an seiner Angel, rollte ein paar Zentimeter Schnur auf und sah den Fisch kommen. Der Elefant trompetete sein Angriffsignal, daß es ihnen durch Mark und Bein ging.

"Beeil' dich, er greift an!" rief Theba und Peter lehnte sich aus dem Boot, um nach dem Fisch zu greifen.

Theba gab dem Boot einen Stoß, als der Elefant heranstürmte. Die Welle erfaßte den Mokoro von der Seite, als Peter den Fisch gepackt hatte und an Bord warf. Durch seine heftige Bewegung drohte das Boot zu kentern und Theba hielt sich krampfhaft an der Stange fest. Der Mokoro hatte sich einige Meter von dem Angreifer entfernt. Der Elefant bremste noch einmal ab und schob eine fast meterhohe Welle vor sich her. Hugo Nötzli sah das Wasser ins Boot schwappen und stand auf, um seine Ausrüstung in Sicherheit zu bringen. Im selben

Augenblick riß Günters Schnur und er prallte mit dem kleinen Schweizer zusammen. Hugo Nötzli verlor den Halt unter den Füßen, taumelte und flog samt Kamera kopfüber ins Wasser. Fluchend und prustend tauchte er wieder auf. Der Elefant winkte mit erhobenem Rüssel und schien mit dem Erfolg seiner Attacke äußerst zufrieden zu sein. Er hatte jetzt abgedreht und setzte seinen Weg durch die Lagune fort. Sie halfen dem keuchenden Nötzli ins Boot zurück und machten sich auf den Heimweg.

Hugo Nötzli war stinksauer. Und das zu Recht. Nun konnte er den Rest des Tages damit verbringen, seine nasse Kamera zu zerlegen. Von dem Film, der nicht mehr zu retten war, ganz zu schweigen. Eigentlich hatte ihm Theba versprochen, ihn zu einer Brutkolonie Scharlachspinte zu fahren, doch das konnte er jetzt vergessen. Nachdem er seine nassen Klamotten gegen frische eingetauscht hatte und mit einer kräftigen Prise seines unwiderstehlichen Parfüms den erdigen Geruch nach Wasserpflanzen und Moder aus seiner Nase verbannt hatte, ging er an die Arbeit. Wenn er die Kamera nicht so schnell wie möglich trocken bekam, war der Schaden kaum mehr zu beheben. Theba stellte ihm einen kleinen Klapptisch unter den großen Leberwurstbaum am Rand des Camps, hier saß er nun im Schatten mit Pinzette und feinen Schraubenziehern, trockenen Tüchern und seinem akkubetriebenen Föhn. Klugerweise war er auf solche Zwischenfälle vorbereitet, und wenn ihn auch manche wegen seines großen Reisegepäcks belächelt hatten, jetzt zeigte sich, wozu es nütze war.

Bald schon lag die Kamera in ihren Einzelteilen auf dem weißen Tischtuch, Verschluß und Lamellen waren naß geworden, auch in die Objektive war Wasser eingedrungen. Wie groß der

Schaden war, ließ sich hier noch nicht feststellen. Es blieb ihm nichts anderes übrig, als alle Teile einzeln zu trocknen und abzuwarten. Hugo Nötzli machte seine Arbeit gründlich. Es war nicht das erste Mal, daß er eine Kamera zerlegte, doch es war das erste Mal, daß er dabei solchen Besuch bekam.

Er bemerkte den Elefanten, als er drüben, auf der anderen Seite der Lichtung aus dem Mopanewald trat. Es war bekannt, daß die Elefanten hier im Moremireservat nicht sehr scheu waren und auch gelegentlich die Camps besuchten. Noch nie war es dabei zu Zwischenfällen gekommen, da man es gelernt hatte, sich gegenseitig zu respektieren. Die Camps standen im Land der Elefanten, es war ihr Recht, vorbeizuziehen und neugierig ihre Rüssel in die offenen Zelte zu stecken. Nahrungsmittel wurden sicher aufbewahrt und so zogen die Elefanten gewöhnlich weiter, ohne Schaden anzurichten. Doch es war immer ein besonderes Erlebnis, wenn man inmitten der Wildnis Besuch von den grauen Riesen bekam.

Waren die Touristen im Camp, standen sie mit gezückten Kameras hinter den Bäumen und beobachteten das Schauspiel aus dem sicheren Versteck heraus. Wenn die Elefanten zu nahe kamen, zog man sich in die Autos zurück. So war es auch heute, als der einsame Elefant sich dem Camp näherte. Alles Volk war auf den Beinen, suchte sich eine gute Position und erwartete mit Spannung den Gast. Nur Hugo Nötzli ließ sich nicht bei seiner Arbeit stören. Er hatte ohnehin keine Kamera, um das Ereignis zu fotografieren, also kümmerte er sich auch nicht weiter um den Elefanten.

Dummerweise stand sein kleiner Arbeitstisch aber genau auf dem Pfad, den der Elefant gewöhnlich benutzte, wenn er dem Camp einen Besuch abstattete. Langsam, den Rüssel lässig zur

Erde baumelnd, näherte sich der Elefant. Er brummte und grumelte leise vor sich hin, hielt die Augen halb geschlossen und schien gar nicht wahrzunehmen, was ihm da im Wege stand. Auch Hugo Nötzli war viel zu sehr damit beschäftigt, einzelne Wassertropfen abzusaugen und kleine Schräubchen zu trocknen, als er die Nähe des Dickhäuters bemerkt hätte. Erst die Warnrufe Peters schreckten ihn von seiner Arbeit auf, er hob den Kopf, sah den Elefanten und ließ vor Schreck sein Werkzeug fallen.

Gemächlichen Schrittes kam er näher, Hugo Nötzli erhob sich vorsichtig von seinem Stuhl und tastete sich, rückwärts gehend bis zu der Akazie, hinter der auch Peter in Deckung gegangen war.

Jetzt hatte der Elefant den Schatten des Leberwurstbaumes erreicht und näherte sich mir erhobenem Rüssel witternd dem weißgedeckten Klapptisch. Vorsichtig schnüffelnd nahm er den Geruch des Menschen auf, der noch vor wenigen Sekunden hier gesessen hatte. Das Parfüm, das Hugo Nötzli selbst im Busch benutzte, war starker Tobak für seine feine Nase. Mißmutig schnaubte er und blies dabei etwas Sand vom Boden auf. Fein wie Mehl legte sich eine Schicht Staub über die Einzelteile von Nötzlis Kamera. Der Schweizer fluchte leise, doch Peter hielt ihn davon ab, auf den Elefanten zuzulaufen und ihn zu vertreiben. Neugierig tastete der Rüssel des Elefanten jetzt über den Stuhl, auf dem Nötzli gesessen hatte. Spielerisch warf er ihn um und inspizierte nun den reich gedeckten Tisch nach Eßbarem.

Nötzli platzte fast vor Aufregung, als der Elefant begann, das Tischtuch vom Tisch zu ziehen. Nur mit Mühe gelang es Peter, ihn zu beruhigen. Scheppernd landeten die ersten Kamerateile im Sand. Welche Mühe würde es machen, das alles wieder zusammen zu suchen! Zu allem Überfluß fiel dem Elefanten nichts besseres ein, als auch noch weiteren Sand über den Boden zu blasen. Als er schließlich das große Dreihunderter-Tele mit seinem Rüssel schnappte und es in wilden Kreisen über seinem Kopf schwang, war für Hugo Nötzli das Maß voll. In seiner Panik griff er das nächstbeste Wurfgeschoß, das ihm in die Hände fiel, schrie laut "Hau' ab!" und schleuderte einen faustgroßen Stein gegen den Elefanten.

Hugo Nötzli hatte gut gezielt. Der Stein traf den Elefanten am Kopf, und noch ehe es jemand verhindern konnte, flogen zwei weitere Brocken hinterher. Auch sie trafen ihr Ziel und der Elefant brüllte wütend. Das Teleobjektiv landete weich im Sand, er schwenkte drohend seinen Rüssel in Richtung des Angreifers, doch zu gering war ihm wohl der Anlaß, um sich auf einen Kampf einzulassen. Wütend blitzten seine Augen, wie Segel standen seine Ohren und mit mächtigen Bewegungen schwenkte er den Kopf mit den langen Elfenbeinzähnen hin und her. Nachdem er so einem Unmut Luft gemacht hatte, griff er mit seinem Rüssel den Klappstuhl und zog sich knurrend zurück. Am Rand der Lichtung verschwand er im dichten Unterholz.
Im Camp atmete man auf. Nötzli, das hätte schiefgehen können! Doch der Schweizer hatte nur Augen für seine Kamera. Weit verstreut lagen die Teile im Sand und er verbrachte den Rest des Tages damit, auch noch das letzte Schräubchen zwischen den Sandkörnern, Dornen und Hölzchen zu finden. Dann, im Schein einer hellen Gaslampe, setzte er die Kamera wieder zusammen und überprüfte ihre Funktion. Sie hatte ein paar Schrammen abbekommen, die ihn wohl immer an den fotobegeisterten Elefanten erinnern würden.

Der nächste Morgen brachte einen strahlenden Sonnenaufgang und man beschloß, sich heute aufzumachen, um den Büffelspuren zu folgen, die Theba tags zuvor östlich des Camps entdeckt hatte. Hugo Nötzli freute sich auf die Büffel, denn er wollte unbedingt die Madenhacker, jene nützlichen Parasitenjäger, die die Wildrinder ständig begleiteten, vor die Linse bekommen. Die Geschichte mit dem Elefanten war noch am Abend bei einigen Gin-Tonics gründlich diskutiert worden. Sicher war es nicht ungefährlich, einen Elefanten mit Steinen zu bewerfen, gab Nötzli zu, aber was hätte er denn tun sollen, als der Dickhäuter sich anschickte, mit seinem teuren Teleobjektiv Federball zu spielen und die Kamerateile am Boden zu zertrampeln. Naja, das alles hatte ja sein gutes Ende genommen und im Grunde war keiner böse, bei diesem Abenteuer dabeigewesen zu sein. Froh gelaunt brachen sie am Morgen auf. John, der Koch hatte ihnen genügend Proviant mitgegeben, denn sie hatten vor, nicht vor Einbruch der Dunkelheit zurück zu sein.

Aus dem dichten Mopanewald heraus beobachtete der Elefant die abfahrenden Landcruiser. Neben ihm am Boden lag der Klappstuhl, oder besser das, was er davon übrig gelassen hatte. Der Bezug war zerfetzt und die Aluminiumstangen abgeknickt und verbogen. Er hatte seine ganze Wut an dem Stuhl ausgelassen, der den Geruch seines Peinigers trug. Dieser Geruch saß in seiner feinen Nase und er würde ihn nie vergessen. Die Wunde an seiner breiten Stirn hatte aufgehört zu bluten und war zu einer dunklen Kruste vertrocknet, doch der Schmerz und die Wut waren noch da. Der Elefant war klug. Lange genug hatte er sich in der Umgebung von menschlichen Lagern herumgetrieben und ihnen frische Salatköpfe und Obst aus der Küche gestohlen. Er wußte, welche Gefahren ihn erwarteten, und daß das Camp fast leer war, wenn sich die stinkenden, lauten Ungetüme erst einmal entfernt hatten.

Die stinkenden lauten Ungetüme kamen erst am späten Abend ins Camp zurück. Sie hatten fast den ganzen Tag gebraucht, um die Büffelherde aufzuspüren. Es waren über vierhundert Tiere, die bei untergehender Sonne schließlich ans Wasser zogen, um zu trinken. Der Anblick war unbeschreiblich schön. Grunzend und stampfend drängten sich die massigen Leiber ans sandige Ufer, Staub wirbelte auf und legte sich wie ein nebliger Schleier auf die Herde. Bis zum Horizont war nichts zu sehen, als eine wogende und dampfende Masse aus Büffelkörpern und -hörnern. Wenn sie getrunken hatten, zogen sie einzeln in nördlicher Richtung davon und durchwanderten dabei die orangerot glühende Kulisse, die die untergehende Sonne an den Abendhimmel gezaubert hatte.

Als sie lange nach Sonnenuntergang wieder im Camp eintrafen, kam ihnen John mit einer brennenden Fackel entgegen gerannt. Hugo Nötzli verstand kein Wort von dem, was er rief, doch mußte etwas ganz Ungewöhnliches vorgefallen sein, was den sonst eher bedächtigen Koch in solche Aufregung versetzte. Minutenlang diskutierte er mit Theba auf SeTswana, der Landessprache Botswanas, zeigte immer wieder mit ausgestrecktem Arm zum Camp und in den nahen Busch. Neugierig geworden, stiegen sie aus und drängten Theba, zu erzählen, was vorgefallen war.

"Der Elefant ist zurückgekehrt, heute Nachmittag. Er hat sich ins Lager geschlichen, solange John beim Wasserholen am Fluß war."

"Und?"

"Es scheint, er wollte sich für die schlechte Behandlung von

88

gestern bedanken. Er hatte es auf ein bestimmtes Zelt abgesehen."

Hugo Nötzli sprang auf und rannte zu seinem Zelt, das mitten im Camp zwischen den anderen Zelten stand. Die anderen folgten ihm.

Der Schein der Taschenlampe beleuchtete den Haufen aus Kleidern, Zeltleinen und Schüren, der sich dort auftürmte, wo einst sein Zelt gestanden hatte. Der Elefant hatte nicht nur das grüne Zelt dem Erdboden gleichgemacht, sondern alles, was sich darin befand, in der Umgebung verstreut. Das Bettgestell war nur noch ein Schrottknäuel, die Matratze lehnte total zerfetzt im Gebüsch und Nötzlis Reisetasche, in der er seine Kleidung aufbewahrt hatte, hing leer und zerrissen oben in einem der Bäume. Nötzli traten die Tränen in die Augen. Die Wut des Elefanten hatte vor nichts Halt gemacht. Das ganze Ausmaß der Zerstörung wurde aber erst am nächsten Morgen bei Tageslicht sichtbar.

Der Elefant hatte sich gezielt das Zelt Nötzlis aus allen Zelten herausgepickt und hier gründliche Arbeit geleistet. Gott sei Dank hatte Nötzli seine komplette Fotoausrüstung zu der Büffeltour mitgenommen. Nicht auszudenken, welcher Schaden sonst entstanden wäre. "Elefanten haben ein ausgezeichnetes Gedächtnis und eine feine Nase", meinte Theba kopfschüttelnd, als sie am Morgen damit begannen, aufzuräumen. Unter der zerfetzten Zeltplane fanden sie den verbeulten Klappstuhl, den der Elefant in den Busch geschleppt hatte. Viele Kleidungsstücke waren nur noch lose Fetzen, der Rest kaum mehr zu gebrauchen. Hugo Nötzli lieh sich das Notwendigste von seinen Reisegefährten und zog in ein anderes Zelt um. Er war froh, daß die Safari ohnehin in zwei Tagen zu Ende ging.

Immer wieder hielten sie Ausschau nach dem rachsüchtigen Elefanten, doch er ließ sich nicht mehr in der Nähe des Camps blicken. Auf einer Bootstour zu einer der unzähligen Inseln im Delta bekam Hugo Nötzli noch seine Afrikanische Zwerggans vor die Kamera, doch er hatte keine so rechte Freude daran.

Am letzten Tag fand Theba im Busch, etwa fünfhundert Meter vom Camp entfernt, eine unversehrte Parfümflasche. Sie lag neben einem dampfenden Elefantenkloß. Er brachte sie ins Camp, wo sie Nötzli als sein Eigentum identifizierte. Er beschloß, das verräterische Parfüm nie wieder zu benutzen.

Ein paar Stunden später verließen sie das Camp und fuhren nach Maun zurück. Kurz vor der Ausfahrt aus dem Moremireservat stand ein einsamer Elefant im Busch und hob grüßend seinen Rüssel. Theba stoppte den Landcruiser und reichte Hugo Nötzli das Fernglas.

"Meinst du, 'er' ist es?" fragte er.

"Ich wüßte nicht, welcher Elefant sonst einen Grund hätte, dir zum Abschied zuzuwinken", meinte Theba und gab Gas.

Ein Tag im "größten Zoo" der Welt

"Nie werde ich diesen atemberaubenden Anblick vergessen"
(14.3.1994, Tanzania)

Vor unseren Augen erhebt sich die Steilstufe des Rift-Valley, des Großen Afrikanischen Grabenbruchs, an dessen Flanke der Manyarasee liegt. Wir legen eine Pause in Mto Wa Mbu ein, einem kleinen Dorf am Moskito-River, wo Mais und Zuckerrohr angebaut werden. Danach geht die Fahrt steil in engen Serpentinen bergan. Die Erde wird zunehmend rot, erste Paviane überqueren die Piste. Nach einigen Haarnadelkurven sind wir auf der Anhöhe angelangt, von wo aus sich ein phantastischer Blick auf den Manyara-See bietet. Ein Adlerpaar zieht hoch über uns seine Kreise und läßt sich schließlich auf einem der kahlen Bäume an der Bruchstufe des Großen Grabens zur Rast nieder.

Und weiter geht die Fahrt westwärts. Hier oben im fruchtbaren Hochland ist Afrika grün und die Landwirtschaft blüht. Zu beiden Seiten der roten Piste dehnen sich Maisfelder, Sisal-pflanzungen und Kaffeeplantagen. Die Piste schaukelt sanft durch das hügelige Land und immer, wenn man glaubt, schon ganz oben zu sein, taucht wieder eine Senke auf, die auf der anderen Seite noch höher hinauf führt. Die weißen Früchte der Leberwurstbäume blinken hell in der Sonne, deren Strahlen den Kontrast von Rot und Grün noch verstärken. Das Bild dieser Landschaft ist unbeschreiblich schön. Umwerfend.
Schließlich liegt vor uns rechter Hand ein großes hügeliges Waldgebiet, das sich weit nach Norden und Westen ausdehnt. Das ist der äußere Rand des Ngoro-Ngoro-Kraters. Nach

Durchquerung einiger Dörfer und Siedlungen erreichen wir bei Karatu die Grenze zur Ngoro-Ngoro-Conservation Area und somit das Regenwaldgebiet des Riesenkraters. Das große Schutzgebiet der Ngoro-Ngoro CA bildet mit der Serengeti, der kenyanischen Maasai Mara und dem Lake Manyara Nationalpark ein riesiges Ökosystem und dient neben den wilden Tieren auch den Massai als Lebensraum. Nach dem Check-In sind es noch 26 km durch tropischen Regenwald bis zur Lodge.

Noch einmal steigt die Straße gewaltig an, dann bietet sich ein Anblick, der fast nicht in Worte zu fassen ist: vor uns liegt die 260 Quadratkilometer große Kaldera des Ngoro-Ngoro. In der Abendsonne, die sanft den waldigen Kraterrand streift, glänzt fahlgrau die Oberfläche des Magadisees. Unfaßbar! Ein Genuß, der durch nichts zu überbieten ist.

Steil fällt die Kraterwand zu unseren Füßen etwas 600 Meter tief ab, immergrüner Regenwald überzieht hier an der Südseite des Kraters die Steilstufe. Drüben, wo sich die Berge Olmoti und Empakaai gegen den Horizont abheben, herrscht offene, überwiegend baumlose Grassavanne. Fieberrindenakazien, Croton und Albiziabäume machen den großen Lerai-Wald zu einem idealen Lebensraum für viele Tiere am Rand des Ngoro-Ngoro-Kraters.
Eines des seltensten bekommen wir auf der Strecke zur Lodge überraschend zu Gesicht: Im grünen Urwalddickicht verschwindet vor unseren Augen ein Leopard! Im schwarzen Unterholz erkennen wir genau sein geflecktes Gesicht und die gelben Augen, mit denen er uns fixiert. Schließlich flieht er in den Busch.

Kurze Zeit später legen wir beim Grzimek-Memorial einen Halt ein. Zwei schlichte Gedenktafeln auf einem Steinsockel erinnern an Bernhard und Michael Grzimek, die in den 50-er-Jahren hier für das Überleben der wilden Tiere kämpften. Der Frankfurter Tierarzt und Zoologe war für mich schon als Kind ein großes Vorbild, "Kein Platz für wilde Tiere" ist sicher eine der Sendungen, die meine Liebe zu Afrika entscheidend geprägt hat. Während der Dreharbeiten zu "Serengeti darf nicht sterben" verunglückte sein 24-jähriger Sohn Michael mit seinem Flugzeug ganz in der Nähe tödlich. Der letzte Wunsch des 1987 verstorbenen Bernhard Grzimek war es, seine Asche über dem Ngoro-Ngoro-Krater auszustreuen. So wurde das Naturparadies zur Gedenkstätte der beiden Naturschutzpioniere. Grzimek hat den Ngoro-Ngoro in seinem Buch als den "größten Zoo der Welt" bezeichnet. Und tatsächlich: bis auf die Giraffe ist nahezu die ganze ostafrikanische Großwildfauna hier anzutreffen.

Die Ngoro-Ngoro-Sopa-Lodge, die wir bei Einbruch der Dunkelheit erreichen, ist ganz neu am Kraterrand erbaut und liegt auf der gegenüberliegenden Seite der traditionellen Wildlife- und Crater-Lodges. Hoch über der Kaldera gelegen, bietet sie eine grandiose Sicht hinunter in die Grasebenen des Kraters. Die Zimmer sind sehr geräumig und in großen Rundhütten untergebracht, Fensterblick zum Naturwunder Ngoro-Ngoro.
Ich genieße ausgiebig die afrikanische Nacht unter herrlichem Sternenhimmel beim Gesang tausender von Zikaden. Erwartungsfroh sehe ich der morgigen Kratertour entgegen.

Schon bei Sonnenaufgang bin ich wieder draußen und erlebe eine Stimmung am Kraterrand, die faszinierend ist. Weiße

Wolken schieben sich über den dunkelgrünen Kraterrand in die Kaldera, in pastellem Grün leuchten die Dächer der Akazien zu meinen Füßen. Drüben, fern am westlichen Horizont, glänzt in einem stumpfen Silbergrau der Magadisee. Im Fernglas sind die dunklen Punkte im Krater als Büffel, Zebras und Gnus auszumachen, einzeln oder wie auf einer Perlenkette aufgereiht ziehen sie durch das taubenetzte Gras ihrer Weidegründe, wie schon vor tausend Jahren.

Um acht Uhr starten wir mit einem Landrover und dem Ranger Mike am Steuer zur eintägigen Tour in das Tierparadies Ngoro-Ngoro. Rot leuchtet die Erde auf der holprigen Piste, immer wieder sendet die Sonne ihre warmen Strahlen durch das dichte Grün des Hochlandwaldes, kühl bläst uns der Fahrtwind im offenen Wagen ins Gesicht. Im undurchdringlichen Urwald entdecken wir im Vorbeifahren einige Elefanten, doch sind wir ja sicher, im Krater noch viel mehr zu sehen.

Nach knapp halbstündiger Fahrt bergab, liegt die grüne Ebene unmittelbar vor uns. Ein Teppich von herrlichem Grasgrün, gemustert vom Blau, Rot und Weiß der blühenden Blumen. Gnus, Zebras und Gazellen grasen hier in riesigen Herden, schwer ist die Entscheidung, wohin Blick und Objektiv zuerst zu richten sind. Hier überqueren Trupps von Gnus mit ihren Kälbern die Piste, dort liegt ein junges Zebrafohlen im Gras bei der Mutter. Dazwischen Kibitze, Abdimstörche, Kuhreiher. Es ist einfach unvorstellbar, in welcher Masse und Vielfalt sich die afrikanische Tierwelt hier präsentiert!

Dann geht es Schlag auf Schlag: mit bloßem Auge erkenne ich die drei Nashörner, die weit draußen in der Ebene weiden. Auf der Fahrt in die Nähe ihres Standorts kreuzen drei Schabrakenschakale unseren Weg. Inzwischen sind auch andere Fahrer auf die Rhinos aufmerksam geworden, in gebührendem

Abstand beobachten wir im Pulk diese schwergewichtigen Dickhäuter. Es sind Spitzmaulnashörner, von denen es zu dieser Zeit im Ngoro-Ngoro nur noch ein gutes Dutzend geben soll. Ihr Horn, das im Aberglauben einiger asiatischen Länder als Potenzmittel gilt, ist den urtümlichen Tieren auch hier zum Verhängnis geworden.

Unser nächstes Ziel ist ein Hippo-Pool, einer jener Tümpel, in denen sich ganze Gruppen von Flußpferden aufhalten. In unserem Fall sind es über dreißig Tiere, die sich eine regelrechte Pfütze teilen, während sich im angrenzenden Schilf eine Kuhreiherkolonie niedergelassen hat.

Die Regenfälle der vergangenen Tage haben den Platz vor dem Pool in einen glitschigen Schlammkessel verwandelt, gleich mehrere Landrover bleiben mit ihren Touristen an Bord stecken, drehen durch und können nur mit Hilfe anderer Fahrzeuge befreit werden. Unser Mike hat umsichtig geparkt und so können wir schon wieder einen weiteren Höhepunkt erleben, während die anderen mit Schlamm bespritzt werden.

Einsam zieht eine Löwin über die Ebene, doch nicht lange bleibt sie allein. Auch sie ist bald von vielen Fahrzeugen fast umringt und kann sich nur durch schnelleres Traben den lästigen Besuchern entziehen. Nur gut, daß das Fahren abseits der Pisten im Ngoro-Ngoro nicht gestattet ist. So können sich die Tiere immer wieder vor unseren neugierigen Blicken und dem oft widerwärtig auffälligen Gehabe mancher Zeitgenossen in Sicherheit bringen. Nicht wenige Touristen würden am liebsten auch noch die letzten Schlupfwinkel der Tiere heimsuchen, wenn dies möglich wäre. An Vernunft ist oftmals nicht zu denken, wenn man den lang ersehnten Leoparden endlich vor der Linse hat und so mancher Fahrer hat sicher gegen ein entsprechendes Trinkgeld auch schon seine Vorschriften außer acht gelassen.

Am Magadisee beobachten wir aus dem stehenden Fahrzeug heraus die Vielzahl von Vögeln, die sich im seichten Wasser ihre Nahrung suchen: am auffälligsten sind natürlich die Flamingos, die allerdings in weitaus geringerer Zahl anzutreffen sind, als erwartet. Dazwischen waten Störche und Reiher, Ibisse, Löffler und Sichler.

Kuhantilopen und Thomsongazellen sowie große Büffelherden mit Kälbern und abseits stehenden kapitalen Bullen zieht es jetzt zur Tränke ans Wasser. Und über den Köpfen der Zebras, die uns neugierig und wachsam betrachten, braut sich langsam aus grauen, nein, schwarzen Wolken, eine Regenfront zusammen.

Am Weg immer wieder Tiere und deren Spuren: Hyänen, Großtrappen, Enten, ein einzelnes Flußpferd, eine Löwenspur, die sich in Luft aufzulösen scheint und ein in der Sonne gebleichter Büffelschädel. Erste Strauße traben über die Savanne, dort steht ein prächtiger Wasserbock in einer Senke und eine hübsche Blauracke, deren Gefieder wie ein Edelstein schimmert, läßt sich auf ihrem Aussichtspunkt von uns überhaupt nicht stören. Ganz weit draußen in der Ebene zieht einsam ein alter Elefant, ein mächtiger Kerl mit meterlangen Stoßzähnen, die er mit viel Glück bis heute vor den Wilderern verstecken konnte. Schade, daß solche Anblicke in Afrika so selten geworden sind. Bleibt zu hoffen, daß diese grauen Riesen auch noch im nächsten Jahrtausend durch die Weidegründe im Ngoro-Ngoro ziehen werden.

Nicht weit vom Rand des Kraters entfernt rasten wir in der Nähe eines Akazienwäldchens unter dem Schirmdach eines riesigen Feigenbaumes. Unter seinen weit ausladenden Ästen nehmen sich die Landrover wie kleine Spielzeugautos aus. Perlhühner und Paviane sind unsere Gäste, als wir uns über die gut bestückten Lunchpakete hermachen, während oben in der Krone Milane und Bussarde auf ihren Anteil warten.

Nach der Mittagspause stoßen wir zu unserer Freude noch einmal auf vier Elefanten, diesmal nicht allzuweit von der Piste entfernt. Allerdings sind sie im dichten Gestrüpp dabei, eine Gelbfieberakazie zu schälen und nur sehr schwer zu erkennen. Kurz darauf sind die Big Five vollständig: ein Leopard im Geäst eines etwa 200 Meter entfernten Baumes kann dem scharfen und geschulten Auge von Mike nicht entgehen. Mit dem Fernglas haben auch wir ihn bald entdeckt und beobachten, wie er geschmeidig über einen dicken Ast zu einem anderen Baum balanciert. Dort läßt er sich gemütlich in einer Astgabel nieder. Kurz darauf löst sich ein zweiter, kleinerer Schatten aus dem Akazienblätterdach: ein junger Leopard folgt dem Alttier, deutlich ist die Fleckenzeichnung zu erkennen. Lange und ohne von anderen gestört zu werden, beobachten wir die beiden herrlichen Großkatzen.

Von einer Minute zur anderen setzt heftiger Tropenregen ein, große Tropfen fallen schwer auf die Blätter und weichen in kürzester Zeit die rote Erde auf. Wir schließen eilig das Verdeck unseres Wagens und beobachten durch die Fenster Wasserböcke und Paviane, die sich über den Regen regelrecht zu freuen scheinen. Geier und Marabus lassen sich nicht durch die Schauer davon abhalten, ein verendetes Flußpferd bis auf die Knochen auszunehmen. Düster und grau schiebt sich der Regenvorhang zu und verschließt die afrikanische Szenerie sowie den Verlauf der Piste vor unseren Blicken.

Doch die Heftigkeit des tropischen Gewitters ist nicht von langer Dauer. Die Donner verhallen in der Ferne und auch die

Nebel lichten sich rasch wieder. Dann läßt auch der Regen langsam nach. Schon entdecken wir weitere Nashörner und schließlich auch vier Löwinnen, die sich in der nassen Ebene zwischen aufgestautem Wasser und Pfützen einen einigermaßen trockenen Pfad suchen. Keinen Meter vor unserer Motorhaube ziehen sie vorüber, die Nässe scheint ihnen nicht zu behagen. Nur eine wirft sich behaglich auf die durchtränkte Wiese und wälzt sich im nassen Gras.

Unsere Piste ist vom strömenden Regen unkenntlich gemacht worden und erst als die Fluten langsam ablaufen, bemerken wir, daß Mike vom Weg weit abgekommen ist. Vorsichtig tasten wir uns vorwärts, doch die Straße ist zunächst unauffindbar. Imposant posieren inzwischen unsere Löwinnen vor dem Hintergrund des Flamingosees und der dunkelgrau verhangenen Kaldera.

Schließlich hört der Regen ganz auf und die Sonne bahnt sich wieder einen Weg durch die schwarzen Wolken. Mike kann sich orientieren und findet rasch auf die schlammige Piste zurück. Vorbei an Büffeln, Gnus, Zebras und Antilopen geht es langsam heimwärts. Verspielte Goldschakale und die emsigen Kuhreiher bieten erneut Fotomotive und zu guter Letzt stoßen wir auf ein Löwenpaar, das sein nasses Fell von den warmen Strahlen der Sonne trocknen und sich dabei durch nichts aus der Ruhe bringen läßt.

Auf der anderen Seite des Kraterrands angelangt, besuchen wir ein Massaidorf. Zu meiner Überraschung sind auch einige junge Krieger im Kral und begrüßen uns mit einem zurückhaltenden Lächeln. Ich vermisse den Häuptling, der die üblichen zehn Dollar für die Besichtigung des Krals kassiert, wie ich es sonst bei solchen Gelegenheiten erlebt habe. Aber es scheint, daß uns unser Fahrer tatsächlich in eines der selten von Touristen besuchten Dörfer geführt hat. Die Leute sind kaum aufdringlich, die Kinder aufgeregt und scheu. Es gelingt mir, ein paar neugierige Jungs heranzulocken und sie durch meine

Kamera schauen zu lassen. Als ich ihre Verwandtschaft im großen Teleobjektiv heranzoome, ist die Freude groß, bald bin ich von einem Dutzend Kindern umringt, die alle unbedingt einen Blick durch diesen Zauberkasten werfen wollen. Rasch sind meine Kugelschreiber und die kleinen Spielzeugmitbringsel vergriffen und die Mütter lächeln mir mit ihren großen dunklen Augen zu. Meine amerikanische Begleiterin

Carrie sandte mir später ein Foto von dieser Begegnung und schrieb dazu: *"Diese Begegnung war von beiden Seiten ehrlich und herzlich gemeint, sie machte aus den Eindringlingen willkommene Gäste."*

Die Massaifrauen tragen ihren prächtigen Perlenschmuck, die Männer ihre roten Umhänge und die Speere. Einer der jungen Familienväter lädt uns ein, seine Hütte zu besichtigen. Eine solche "Manyatta" besteht aus einem mit Kuhdung und Lehm beworfenen Holzgerüst, das die Form eines Iglus hat. Wie eine s-förmiger Röhre führt ein stockdunkler Tunnel nach innen, wo nur durch eine faustgroße Öffnung Licht von außen hereindringt. Es riecht nach Rinderdung, Lampenöl und Schweiß. Der Raum bietet gerade Platz genug für uns fünf Personen und den Massai. Vor uns am Boden flackert die schwache Glut der Feuerstelle, an der Wand aufgeschichtet steht frisches Holz bereit, eine kleine Ölflasche dient als Lampe. Außerdem können wir eine alte blecherne Teekanne, eine hölzerne Arbeitsplatte und den Zugang zum Schlafzimmer der Mama und der beiden Kinder erkennen. Der Mann schläft beim Feuer auf einem fellgepolsterten Bett.

Vor der Hütte werden wir zu einem Rundgang eingeladen, der in einer Tanz- und Gesangsvorführung vor dem Kral seinen Höhepunkt findet. Hier, wo uns Afrika noch fast unverfälscht und ursprünglich begegnet, am Rand des Ngoro-Ngoro-Kraters, haben es die Massai geschafft, ihre Traditionen lebendig zu halten, wenn auch vieles davon nur noch für die Touristen bewahrt wird. Doch immerhin ist hier ihre alte Lebensweise noch erhalten geblieben, auch wenn sie nicht mehr die gefürchteten Löwentöter von einst sind. Zwar dürfen sie ihre Manyattas nicht mehr im Ngoro-Ngoro-Krater direkt errichten, doch ist es ihnen erlaubt ihre Herden in den Krater zu treiben, um sie bei den Flamingos am See zu tränken. Aus der Hand eines Kriegers kaufe ich dessen Fimbo, den Stock mit dem harten Knauf, mit dem er sein Vieh eintreibt und einen perlenbesetzten Lederbeutel. Dann verlassen wir lachend und winkend den Kral.

Unvergeßlich schön ist die Fahrt am Kraterrand entlang mit Ausblicken in die Kaldera mit dem silbrig glänzenden See. Durch den Lerai-Wald am äußeren Kraterabbruch geht es auf der roten kurvenreichen Piste zurück zur Lodge. Hier genieße ich ein Bierchen in der untergehenden Sonne bei Sicht auf den Krater, der schon längst im Schatten liegt. Jetzt sind die Tiere dort unten wieder ungestört, und während die Menschen oben in den Lodges am Kraterrand von ihren Erlebnissen schwärmen, schreibt die Natur im Krater ein neues Kapitel ihrer grausamen, zugleich herrlichen und vielleicht - so hoffe ich - unendlichen Geschichte.

Simba exklusiv

"Papa Simba brüllt uns laut an und macht ein paar Schritte auf uns zu" (5.9.1996, Kenya)

Eigentlich hatte ich wenig Lust auf eine eintägige Safari. Eben genau diese Ausflüge konnten einem doch niemals - so dachte ich - einen Eindruck des echten und ursprünglichen Afrika vermitteln. Es gab keine Nacht unter dem Kreuz des Südens, nicht die Symphonie der tausend Stimmen in der schwarzen Wildnis, kein einfühlsames Erleben der großartigen Natur, nur eine kurze Stippvisite, vergleichbar mit einer Fahrt durch einen Safaripark oder dem Besuch eines Zoos, dessen Tiere man mit mehr oder weniger großem Glück zu Gesicht bekommt.

Was ich liebe, ist das Eintauchen in die Ursprünglichkeit Afrikas, das Einatmen der Wildheit des Landes mit all seinen Facetten. Dazu gehört für mich das Sitzen am offenen Feuer, das Hinauslauschen und Warten, das Anpirschen und Beobachten, der Kontakt zu den einheimischen Menschen und zu den Tieren; zu spüren, daß man nicht nur Tourist ist, sondern Gast; die Grenzenlosigkeit, das Ungebundensein, die Befreiung von allen Zwängen unserer Zivilisation. Keine Uhr, die mir sagt, wann ich wo zu sein habe, keine feste Zeiten für Lunch, Dinner und Teatime.

Und doch hatten wir uns zu dieser eintägigen Safari angemeldet, unseren Freunden zuliebe. Wir hatten nur wenig Zeit, gemeinsam in Afrika, denn von den zwei Wochen, die wir zu viert den Urlaub teilten, benötigten wir eine zur Besteigung des

Kilimanjaro und die paar Tage vor und nach der Bergtour verbrachten wir zur Erholung an der sonnigen Küste südlich von Mombasa. Ich bin der Meinung, daß man nicht nach Ostafrika reisen sollte, ohne wenigstens die großartige Natur und den Tierreichtum dieses Kontinents auf einer Safari kennengelernt zu haben, und auch unsere Freunde sollten einen Hauch davon erleben. Den Busch, die Savanne, die unendliche Weite der afrikanischen Wildnis. Und natürlich die Elefanten, Antilopen und Löwen. Wenigstens an diesem einen Tag.

So kam es, daß wir an jenem Donnerstag schon um vier Uhr dreißig in der Frühe in einem Nissanbus saßen und über die nächtliche Küstenstraße nach Mombasa geschaukelt wurden. Es war fast unheimlich, wie viele Menschen zu so früher Stunde schon auf dem Weg zur Likonifähre waren, um nach Mombasa zu gelangen. Grau und düster ragten die Silhouetten der Palmen neben der Straße in den wolkenverhangenen Himmel, nur die grellen Lichter der entgegenkommenden Fahrzeuge erhellten die Nacht.

In Mombasa warteten wir fast eine ganze Stunde auf zwei weitere Safarigäste, die schließlich kurz nach Sonnenaufgang eintrafen. Mit einem mürrischen 'Morgen' grüßten sie kaum vernehmbar, als sie zu uns in den Bus stiegen. Augenscheinlich waren sie über ihre Verspätung verärgert. Wie wir erfuhren, hatten sie ziemlich lange auf ihr Taxi warten müssen. Mit der gemütlichen ostafrikanischen "Pole-pole-Mentalität" konnten sie überhaupt nichts anfangen. Mir stachen sofort die grell leuchtenden Hawaiihemden und die bunt gemusterten Shorts ins Auge, dazu Plastiksandalen, weiße Tennissocken und die Ritschratschklickkameras, die man nach einmaligem Gebrauch zum Müll werfen kann.

Küstentouristen, schoß es mir durch den Kopf, die eben, weil es in Afrika dazugehört, auch mal einen halben Tag auf Safari gehen, sich sonst an der sonnenverwöhnten Küste im Viersternehotel verwöhnen lassen, siebengängige Menüs genießen und den bequemen Liegestuhl, den man sich schon vor dem amerikanischen Frühstück mit dem scheckigen Badetuch reserviert, um ja seinen angestammten Platz für den Tag wieder zu haben, von dem aus sich so schön Befehle erteilen lassen. Zu Hause erzählte man dann, wie lahm die "Schwarzen" beim Bedienen waren, wie sie andauernd die Menüreihenfolge durcheinander brachten, indem sie Suppe und Souflet verwechselten und wie aufdringlich die Händler am Strand einem die Souvenirs aufschwatzen wollten.

Natürlich hatte man "bei denen" nichts gekauft. Viel zu teuer. Wollten die doch zu den alten Turnschuhen, die man zum Tausch mitgebracht hatte, noch sage und schreibe hundert Kenyashillinge, also fast fünf Mark für den großen, aus schwarzem Holz geschnitzten Elefanten! Da hat man eben auf das Prachtstück afrikanischer Schnitzkunst verzichtet, den Turnschuh zu Hause in die Mülltonne geworfen und im Regal, wo eigentlich der Elefant seinen Platz gehabt hätte, verstaubten jetzt die zwei getrockneten Seesterne, die man beim Schnorcheln aus dem toten Riff geschmuggelt hat. Zwar nur noch blaßgrau statt leuchtend rot, doch dafür tot und preiswert.

.

Oh, ich war schon wieder viel zu negativ den beiden Neuen gegenüber eingestellt, hatte sie in eine Schublade gepackt, ohne ihnen auch nur eine Chance zu geben! Warum sollte man sich denn nicht bequem anziehen auf einer Safari, warum keine bunten Klamotten in grellen Farben, wo die Tiere doch ohnehin nur die Fahrzeuge sahen und keine Fluchtdistanz kannten? Warum gönnte ich Leuten, die sich keine teure Safari leisten konnten, nicht diese eintägige Tour, die ich selbst ja auch mitmachte? Nicht alle Menschen waren so afrikaverrückt wie ich und sicher wirkte ich in meinen Khakifarben und mit der teuren Spiegelreflexkamera auf die beiden ebenso komisch wie sie auf mich.

Sie nahmen im hinteren Teil des Busses Platz und setzten sogleich ihre Unterhaltung fort. So erfuhren wir, während wir uns aus Mombasa entfernten und uns einreihten in den Konvoi von alten Lastwagen, Safaribussen und Landrovern auf der Straße nach Nairobi, daß die beiden Herren ihre Damen im Küstenhotel gelassen hatten. Dort gab es heute eine Ausstellung von echtem Massaischmuck und am Abend ein "Deutsches Buffet", das man sich auf keinen Fall entgehen lassen wollte.

Schnell fielen wir bei der monotonen Schaukelei des Busses in eine Art Dämmerschlaf, die Nacht war kurz gewesen und die langweilige Strecke von Mombasa nach Tsavo bot nichts, was einen wachhielt. Das Gespräch unserer beiden Begleiter, deren Namen ich mir leider nicht gemerkt habe, bekam unterdessen eine interessante Wendung und ich hörte ungewollt mit einem Ohr zu. In Anlehnung an die markantesten Eigenschaften der beiden, will ich sie einfach "*der Laute*" und "*der Dicke*" nennen, da diese Namen aussagekräftiger sind als "Heinz" oder "Karl" oder "Matthias".

Der Laute redete in einer Weise, die in mir anfänglich den Eindruck erweckte, er habe schon allerhand von Afrika gesehen und sei womöglich nur seinem Bekannten zuliebe auf diese Tour mitgekommen. Im Brustton der Überzeugung schilderte er die Gepflogenheiten einer Safari, die Begrüßungsrituale der Massai, die wir "auf Schritt und Tritt antreffen" würden, das Verhalten beim Angriff eines Elefanten und die Regeln für den Umgang mit den Big Five. Lustigerweise zählte er, statt dem Büffel, das Flußpferd mit zu den "Fünf Großen" und es kostete mich Mühe, mein Grinsen zu verbergen, als der Dicke nach Löwen und Tigern fragte.

Immerhin: daß es keine Tiger in Afrika gab, wußte der Laute auch, außer vielleicht in einigen Zoos, wie er lachend hinzufügte. Aber doch sicher Löwen? wollte der Dicke wissen. Jetzt holte der Laute zu einem seiner gewaltigen Monologe aus, die unsere Safari an diesem Tag begleiten sollten. Dazu setzte er sich aufrecht auf seinen Sitz und erzählte mit lauter Stimme, daß selbst unser Fahrer vorne im Wagen jedes Wort verstehen konnte.

In dem Park, den wir heute sehen würden, nämlich Tsavo-Ost, seien die Löwen leider schon lange ausgerottet. Schon in der Zeit, als man die legendäre Eisenbahn von Mombasa nach Nairobi gebaut habe, seien sämtliche Löwen als Menschenfresser abgeschossen worden und bis heute sei keiner in den Park zurückgekehrt. Aber er habe doch für diese Safari Löwen gebucht, lamentierte der Dicke, Löwen inklusive, sozusagen. Sonst hätte er den teuren Preis für diese Tour doch nie bezahlt! Nun, das nütze nichts, meinte der Laute, es gebe hier nun mal keine Löwen und wer ihm etwas anderes erzählt habe, habe keine Ahnung von Afrika. Er wirkte in seinen Behauptungen so überzeugend, daß mir selbst fast Zweifel kamen und ich nun wirklich hoffte, dem Prahlhans im Tsavo das Gegenteil beweisen zu können.

Während des Baus der Eisenbahnlinie, der 1896 in Mombasa begonnen worden war, hatten tatsächlich einige alte Löwen am Tsavofluß indische und einheimische Arbeiter angefallen und getötet. Berichten zufolge sollen sie sogar ihre Opfer aus dem

Zug herausgeholt und gefressen haben. Diese Killer waren dann, nachdem sie zehn Monate lang Angst und Schrecken verbreitet hatten, wirklich erschossen worden, doch das bedeutete keineswegs das Ende der Löwenpopulation von Tsavo.

Als wir bei einem der zahlreichen Souvenirshops an der Strecke eine kurze Rast einlegten, zog ich unseren Fahrer Edward beiseite und bat ihn, besonders gut auf Löwenspuren zu achten. Im gleichen Moment gesellte sich der Dicke zu uns und gab im tiefsten Brustton höchster Überzeugung kund, was ihm der Laute erzählt hatte: no lions in Tsavo-East.
"No lions?" fragte Edward erstaunt zurück.
"No lions." bestätigte der Dicke.
"No lions." meinte jetzt auch Edward und blinzelte mir zu. Ich verstand. Es war unnötig, jetzt eine Diskussion zu provozieren und die Gäste zu verärgern. Sollten sie in dem Glauben bleiben, bis es gelang, das Gegenteil zu beweisen. Und das hatten Edward und ich uns in gegenseitigem Einvernehmen vorgenommen.

Wir hatten in der Tat viel Safariglück an diesem Tag in Tsavo-East. Es war Trockenzeit, die Akazien waren kahlgefegt und es war nicht schwer, in der braungrauen Buschsavanne das Wild auszumachen. Dort grasten einige Impalas, für mich die elegantesten unter den Antilopen Afrikas, hier reckten Giraffen ihre Hälse zwischen den weißen Ästen zum wolkenverhangenen Himmel. Rote Warzenschweine, gefärbt von der Suhle im Lateritschlamm eines fast ausgetrockneten Wasserlochs, rannten vor uns über die Piste. Zebras, Strauße, Wasserböcke, sie alle versammelten sich an den Wasserstellen zum Fototermin. Auch Paviane tauchten auf und ich traute meinen Ohren nicht, als der Laute sie dem Dicken als Schimpansen vorstellte. Als er kurz darauf die zierlichen Thomsongazellen als Springböcke bezeichnete war ich mir sicher, daß er von Afrika wirklich keine Ahnung hatte und nichts weiter war, als ein großmäuliger Angeber. Ich nahm mir fest vor, ihm eine Lektion zu erteilen. Er mußte seine Löwen bekommen!

Bei einer baufälligen Brücke, die über ein ausgetrocknetes Flußbett führte, stießen wir auf einen Trupp Arbeiter, die von einem bewaffneten Ranger begleitet wurden. In ihrer Sichtweite war ein Trupp Elefanten damit beschäftigt, eine Akazie umzufällen, um an die letzten verbliebenen grünen Blätter in der Baumkrone zu gelangen. Es waren unsere ersten Elefanten an diesem Tag, doch bei weitem nicht die letzten!
Doch leider - das alles zählte für den Dicken nicht. Der Löwe war gebucht worden und wir brannten darauf, dem Lauten zu beweisen, daß es ihn gab. Verzweifelt suchte ich mit dem Fernglas bei jedem Stop das Savannenland ab. Schattige Plätze unter Bäumen, exponierte Stellen, die sich als Ausguck eigneten, kleine Felsgruppen bei den Wasserlöchern. Kein Löwe.

Schließlich waren es die scharfen Augen Edwards, die ihn entdeckten. Es war zwar nur ein Weibchen, aber immerhin: Löwe ist Löwe.
"Mama Simba!" flüsterte er stolz und deutete mit ausgestrecktem Arm die Richtung an. Ich bewundere jedesmal aufs Neue die ausgezeichneten Augen der Afrikaner. Er hatte das Tier während der Fahrt mit bloßem Auge entdeckt, während ich Mühe hatte, es vom stehenden Bus aus mit dem Fernglas zu finden.
Es sollte noch schlimmer kommen! Trotz aller Erklärungs-

versuche und Beschreibungen, weder der Dicke noch der Laute sahen den Löwen. Nicht mal mit der achtfachen Vergrößerung des Fernglases. Gewiß, Mama Simba hatte sich gut versteckt, man sah die schwarzen Ohrenspitzen nur, wenn sie sich bewegten, und nur dann erkannte man den gelben Kopf. Bestens getarnt döste die Raubkatze in der Senke, kaum war die Farbe ihres Fells vom ausgedörrten Gras zu unterscheiden.

Wir lagen wohl an die zehn Minuten auf der Lauer, ohne daß das Tier sich rührte. Als erster wurde der Dicke unruhig.
"Weiß Gott, was ihr da seht!"
Und auch der Laute drängte zur Weiterfahrt.
"Das kann auch eine Antilope oder sonst 'was sein."
Alle gutgemeinten Bemühungen waren vergebens. Obwohl wir den Löwen gesehen hatten, er zählte nicht. Auch die Elefanten, die mehrmals direkt vor dem Bus über die rote Straße zogen, zählten nicht. Oder die herrlichen Oryxantilopen, die ihre Spießhörner wie Degen durch die Savanne tragen. Oder der kleine Kudu, eine der schönsten und seltensten Antilopen Ostafrikas.
Wichtig waren nur zwei Dinge: zum einen, daß die Spaghetti beim Mittagessen in der Voi-Lodge nicht "aldente" waren und zum anderen: es gab keine Löwen in Tsavo-Ost. No Simbas.

Trotz vieler schöner Safarierlebnisse an diesem Tag wurmte mich die Sache kräftig. Nicht der Umstand, daß wir tatsächlich so gut wie keinen Löwen gesehen hatten, sondern vielmehr, daß der Laute wohl recht behalten sollte, zumindest dem Anschein nach.
Es war gegen siebzehn Uhr, als wir uns langsam dem Parkausgang näherten. Wir passierten dabei wieder die Brücke, gerade als der alte Nissanlastwagen mit den Arbeitern von dort

aufbrach. Der Ranger, der mit den Männern auf der Laderampe stand, sprang herunter und lief zu uns herüber. Aufgeregt begann er, sich mit Edward zu unterhalten. Ich versuchte, ein paar der Suaheliworte aufzuschnappen, doch außer "Simba" verstand ich wieder einmal nichts. Dann rief er den Arbeitern etwas zu und Edward erklärte uns, daß der Ranger Löwen gesehen habe und bereit sei, uns die Stelle zu zeigen. Erfreut stimmten wir zu, ohne auf den Lauten zu hören, der nur sein "Deutsches Buffet" im Küstenhotel im Kopf hatte, und befürchtete, zu spät zu kommen.

Der Ranger klammerte sich kurzerhand von außen an die Fahrertür und dirigierte Edward in den Busch. Querfeldein ging die Fahrt, mit Erlaubnis des Rangers hatten wir keine Skrupel, abseits der Wege zu fahren. So holperten wir über die grasige Buckelpiste, zerkratzten uns Arme und Hände beim Vorbeistreifen an dornigen Akazien. Der Ranger hing außen und wich geschickt den spitzen Ästen und Dornen aus. Dann gab er Edward das Zeichen, langsamer zu fahren und deutete in das Gebüsch, das in Fahrtrichtung links von uns lag.
Wir waren etwa noch zwanzig Meter von der Stelle entfernt, als ich die Löwen sah. Sie hatten sich aufgerichtet, als wir zu dicht herangekommen waren. Eine dreiköpfige Familie, Papa Simba hatte sich auf die Vorderpfoten gestützt, um besser sehen zu können, Mama Simba reckte den Kopf aus dem Gras und das Junge äugte vorsichtig hinter seiner Mutter hervor. Es war ihnen anzumerken, daß ihnen der Besuch nicht behagte. Sie schienen nicht so recht zu wissen, was mit den ungebetenen Gästen anzufangen war. Ihre Mienen verrieten eine Mischung aus Sorge, Angst, Mißtrauen und einer guten Portion Neugier.

110

Edward versuchte, uns noch näher an die Tiere heranzubringen, obwohl das Gelände schwierig war, wir mit unserer Position vollkommen zufrieden waren und die Tiere eigentlich nicht noch mehr stören wollten. Doch ich habe in Afrika noch keinen Fahrer erlebt, der nicht den Ehrgeiz besaß, seinen Gästen das maximale Erlebnis im Bereich des Legalen zu bieten. Offenbar lehrten die Erfahrungen, daß sich mit spektakulären Aktionen eine Erhöhung des Trinkgelds verband, ein besonderer Reiz, da das Trinkgeld ohnehin die wichtigste Einnahmequelle der Safaribusfahrer ist.

Also kurbelte Edward und schaltete, um hier einem Strauch auszuweichen, dort auf festen Untergrund zu stoßen oder einen Termitenhügel zu umfahren. Der Ranger ließ ihn gewähren. Auch er hatte nichts dagegen, wenn ihm die Aktion eine Verbesserung seines geringen Verdienstes einbrachte. Und zufriedene Touristen zahlten gewöhnlich ganz gut. Vorwärtsgang, Rückwärtsgang. Aufjaulender Motor, durchdrehende Reifen, Staub. Ein Wunder, daß die Löwen nicht das Weite suchten. Sie waren diese lauten, stinkenden Ungetüme gewohnt, wußten, daß hier keine Gefahr drohte.

Dann, mit einem Schlag war es passiert: wir saßen fest. Tief bohrte sich das rechte Hinterrad in eine sandige Kuhle, vielleicht ein Warzenschweinloch. Edwards Versuche, uns aus der mißlichen Lage zu befreien, scheiterten kläglich. Im Gegenteil: immer tiefer versank das Rad im Sand, schließlich saß der Nissan auf und die Räder drehten durch. Rumms!

Edward schlug mit den Fäusten auf das Lenkrad und fluchte. Die Löwen blickten neugierig zu uns herüber. Der Alte erhob sich jetzt angriffslustig und fauchte ungeduldig. Der Ranger, der immer noch außen an der Fahrertüre hing, allerdings auf der den Löwen abgewandten Seite, sah sich hilfesuchend um. Eines war klar: als Löwenfutter wollte er diesen Tag nicht beschließen. Er mußte versuchen, ins Wageninnere zu gelangen, solange die Löwen noch auf Distanz blieben. Drei Möglichkeiten blieben ihm: der Einstieg über das Dach, durch das offene Fenster oder der Weg um den Bus herum, um auf der Beifahrerseite zu uns einzusteigen. Er entschied sich für den bequemeren Weg und wir öffneten vorsichtig die Schiebetür einen Spalt breit. Das Geräusch beunruhigte das Löwenmännchen und er knurrte laut. Er ließ kein Auge von uns, jeder Muskel seines Körpers schien angespannt zu sein.

Jetzt meldete sich der Dicke, der ebenso wie der Laute geschwiegen hatte, seit wir auf die Löwen gestoßen waren. Er protestierte gegen das Öffnen der Tür und starrte mit weit aufgerissenen Augen auf die Löwen, die es doch angeblich hier gar nicht geben sollte.

Wirklich war es in der Tat fraglich, ob es uns gelingen würde, den Bus wieder schnell genug zu schließen, falls der Löwe sich provoziert fühlen und angreifen würde. Auch der Ranger zitterte wohl bei dem Gedanken, für einige Sekunden den Blicken der Löwen ungeschützt ausgesetzt zu sein. Wir sannen auf andere Lösungen. Konnte er nicht doch durch das Fenster, über Edward kletternd auf den Beifahrersitz gelangen? Oder war es am einfachsten, die Fahrertür für einen Moment zu öffnen, um...?

Das Brüllen des Löwen ging durch Mark und Bein und unser Ranger bekam es nun doch mit der Angst zu tun. Durch Edwards Fahrkünste waren wir keine zehn Meter mehr von dem kleinen Rudel entfernt. Es war für den Löwen ein Kinderspiel, sich den Eindringling zu schnappen wie einst die Menschenfresser sich die Arbeiter aus der Ugandabahn geholt hatten. Diese Gedanken festigten seinen Entschluß, sich möglichst schnell in Sicherheit zu bringen und er quetschte sich unter großen Mühen über das aufgeklappte Dach zu uns herein.

Nun war wenigstens die Lage eindeutig geklärt: wir drinnen, die Löwen draußen. Doch damit war uns eigentlich noch wenig geholfen.
Der Ranger schlug vor, zunächst die Löwen zu vertreiben. Mit etwas Lärm, meinte er, sollte uns das gelingen. Also trommelten wir mit den Fäusten auf das Busdach, schwenkten unsere Hüte und schrien Hoh und Hah. Am leisesten agierten bei der ganzen Sache der Dicke und der Laute. Die Wirkung blieb nicht aus. Knurrend und fauchend zogen sich die drei Löwen ins Gebüsch zurück, wo wir sie schon bald aus den Augen verloren. Prima.
Blieb das Problem, wer traute sich als erster 'raus? Die Löwen hatten wir zwar vertrieben, doch wir wußten nicht, wie weit sie sich entfernt hatten. Wir sahen sie zwar nicht mehr, doch konnten sie immer noch ganz in der Nähe sein.

Edward blickte nervös zur Uhr. Sein Boß würde ihm einheizen, wenn er von der Geschichte erfuhr. In einer Stunde würde die Sonne untergehen. Eigentlich müßte er dann seine Gäste in Mombasa abliefern. Auch der Laute drängte. Immerhin lockte das "Deutsche Buffet". Doch die Türe öffnen und als erster den Bus verlassen, nein, auf keinen Fall. Dann lieber kein Buffet, aber dafür einen dicken Beschwerdebrief. Er hatte schließlich nicht verlangt, daß man abseits der Straße auf Löwenjagd gehen sollte.
Schließlich war es der Ranger, der die Initiative ergriff. Sicher fühlte er sich auch verantwortlich für uns. Auf der den Löwen abgewandten Seite verließ er den Bus wieder über die Dach-

luke und ließ sich zu Boden gleiten. Vorsichtig und in gebückter Haltung schlich er davon, stets den Bus als Deckung nützend. Wir hingegen ließen kein Auge von den Büschen, zwischen denen die Löwen verschwunden waren. Der Ranger hatte ungefähr dreihundert Meter bis zur Straße, wo der Lastwagen mit den Arbeitern wartete.

Von Busch zu Busch huschte er, größer und größer wurde die Entfernung zum sicheren Bus und auch zu den Löwen. Unsere Ferngläser zeigten alle in die entgegengesetzte Richtung, doch die Simbas blieben verschwunden. Schließlich sah ich mich nach unserem Ranger um und entdeckte ihn, wie er sich gerade gestikulierend dem Lastwagen näherte. Nach einigen Minuten rumpelte der grüne Nissan heran und die Männer auf der Ladefläche winkten uns lachend zu. Wer würde als nächster aussteigen?
"You see the Simba?" fragte Edward und drehte sich zu uns um. Nein, wir sahen keinen Löwen. Vorsichtig öffnete Edward die Fahrertür, wartete einen Augenblick und stieg dann langsam aus. Auch der Ranger war vom Verdeck des Nissan gesprungen und kam zu uns herüber. Der Lärm und die vielen Menschen würden die Löwen sicher verscheuchen. Wahrscheinlich.
Die Arbeiter näherten sich, um sich den Schaden anzusehen und anschließend lauthals zu diskutieren, was zu tun sei. Edward fischte immerhin eine Schaufel aus dem Gepäckraum des Busses und begann, die abgesackten Räder freizuschaufeln. Die anderen halfen mit ihren Werkzeugen mit, doch es war bald zu sehen, daß es so allein nicht ging.

Auch wir Touristen verließen jetzt den Bus, um zu helfen, oder, genauer gesagt, um im Wege zu stehen. Nur die Frauen sollten im Wagen bleiben, um die Gegend nach den Löwen abzusuchen. Ladies first, das galt hier nicht. Der Laute weigerte sich zunächst, den Bus zu verlassen, aber als wir anderen uns plaudernd im Freien aufhielten, ohne von den Löwen

gefressen zu werden, stieg er ebenfalls aus. Der Dicke ging drei, vier Mal kopfschüttelnd um den Bus herum, um dann kluge Ratschläge zu erteilen, die aber nichts nützten, weil sie hier draußen nicht zu verwirklichen waren. Wenn wir ein Abschleppseil hätten! Hatten wir aber nicht. Wenn der Bus einen Allradantrieb hätte! Hatte er aber nicht. Der Laute war recht kleinlaut geworden und entfernte sich nicht weiter als zwei Meter von der offenstehenden Bustür. Ängstlich spähte er in alle Richtungen, bevor er mit seiner Ritschratschklickka-

115

mera eine Aufnahme von der ganzen Geschichte machte.

Wir anderen versuchten mit vereinten Kräften, den Bus aus den Kuhlen zu schieben. Doch die Räder drehten erneut durch, fraßen sich noch tiefer in den Sand und die Schaufelei begann von vorn. Eine alte, etwa drei Meter lange krumme Eisenstange, die halb verrostet auf dem Verdeck des Lastwagens lag, sollte als Abschleppstange dienen. Die kräftigsten Männer verbogen sie an beiden Enden, um sie in die Abschleppvorrichtungen der beiden Fahrzeuge einhängen zu können. Auf ein Zeichen des Rangers gab einer der Arbeiter im Lastwagen Gas. Doch die gebogenen Eisenhaken hielten der Belastung nicht stand, lösten sich in Wohlgefallen auf und der Lastwagen holperte, die Eisenstange scheppernd im Schlepp, ein paar Meter durch den Busch. Auch ein zweiter Versuch scheiterte, obwohl wir, mit Ausnahme des Dicken und des Lauten, die gaffend dabei standen, uns mit voller Kraft gegen den Bus stemmten.

Nachdem sich die Löwen nicht mehr blicken ließen, stiegen auch die Frauen aus. Die Männer verstärkten die provisorische Abschleppstange diesmal mit dickem Draht, verknoteten diesen mehrfach und bauten das Ganze durch ein paar knüppeldicke Äste zu einer phantasievollen und abenteuerlichen Konstruktion um. Noch einmal schaufelten wir die Räder frei und befestigten die Gruben mit Gras und kleinen Zweigen. Edward spuckte sich in die Hände, als er zum Lenkrad griff und Gas gab. Die Räder griffen in der Unterlage, die Stange hielt der Belastung diesmal stand und wir spürten, wie der Bus sich bewegte.

Wir jubelten. Von den Löwen, denen wir den ganzen Schlamassel eigentlich zu verdanken hatten, war nichts mehr zu sehen. Unser Ranger und die Arbeiter verabschiedeten sich von uns. Edward kramte verlegen in seiner Hosentasche und ich

ahnte, daß er ihnen Geld geben wollte. Ein paar Worte genügten und die Businsassen beteiligten sich großzügig an diesem
Trinkgeld. Selbst der Dicke gab mürrisch lächerliche fünfzig
Shilling. Nur der Laute schüttelte den Kopf und meinte, daß er
nicht einsehe, warum er für eine Panne und die daraus resul-
tierende Verspätung auch noch Geld bezahlen solle.

"Schön", sagte ich zu Edward, "daß wir doch noch Löwen
gesehen haben", und klopfte ihm anerkennend auf die Schulter.
Der Laute würdigte mich keines Blickes, als er wieder in den
Bus stieg. Auf der ganzen Rückfahrt sprach er kein einziges
Wort und sah immer wieder zur Uhr. Auch der Dicke schwieg.
Irgendwie hatte ich das Gefühl, daß Edward bewußt etwas
langsamer fuhr. Er hatte mich gebeten, für seinen Boß eine
vereinfachte Schilderung des Falles aufzuschreiben, aus der
hervorging, daß er an der Verspätung keine Schuld trug. Ich
schrieb etwas von einer Reifenpanne im Busch und von hilfs-
bereiten Rangern.
Die Löwen ließ ich unerwähnt. Angeblich gab es ja gar keine
in Tsavo-Ost.

Ein Steak vom Löwenriss

"Heute nun erwarten wir Willy Zingg mit einigen Leuten im Camp" (6.9.1987, Botswana)

Sie waren allein im Busch zurückgeblieben. Das war genau, was sie wollten. Abenteuer pur, Nervenkitzel, Wildnis hautnah. Deshalb hatten sie ihre Safari bei einem Unternehmen gebucht, wo genau diese Dinge im Vordergrund standen. Nicht im offenen Safaribus sicher zu den Löwen, sondern zu Fuß. Der Mann, der sie führen sollte, stand im Ruf, einer der besten auf seinem Gebiet zu sein. Er holte sich sein Steak vom frischen Riß der Löwen, erzählte man, und er hatte einmal eine Büffelherde zu Fuß vor sich hergetrieben, hatten sie gelesen. Drei Tage und drei Nächte hatten sie auf ihn gewartet, jetzt saß er mit ihnen am Feuer und sie lauschten dem Klang seiner Stimme.

Um das Camp herum senkte sich die afrikanische Nacht herein und vom nahen Okavango her klirrte das glockenhelle Quaken der daumennagelgroßen gestreiften Riedfrösche an ihre Ohren. Die ersten Flughunde flatterten über ihre Köpfe hinweg und das klägliche Rufen des Ziegenmelkers mischte sich in die Geräuschkulisse.

Das Camp war das einzige weit und breit und die großen Zweimannzelte standen ungeschützt in der Wildnis. Willy Zingg hatte ihnen versichert, daß in den Zelten von keinem Tier Gefahr drohte. Selbst Elefanten und Hippos, wie man hier die Flußpferde nannte, stolzierten, wenn sie sich ins Camp verirrten, wie Seiltänzer zwischen den Schnüren und Stangen

118

einher, ohne auch die Zeltwände nur zu berühren. Dann erzählte er ihnen von Löwen und Hyänen, die gelegentlich nachts durch die Camps streiften.

Regel eins: nachts wurde der Reißverschluß an den Zelten geschlossen.

Regel zwei: am Tag trat Regel eins außer Kraft. Wenn das Camp während der Pirschtouren verlassen war, durchstreiften regelmäßig Pavianhorden das Gelände auf der Suche nach Eßbarem. Hatte eine Paviannase in einem Zelt einen verlokkenden Duft entdeckt, und sei es nur der Rest eines Erfrischungstuchs oder ein unachtsam weggeworfener Kaugummi, war es für ihn ein Leichtes, mit seinen rasiermesserscharfen Zähnen die Zeltbahn aufzuschlitzen. Deshalb empfahl Willy, die Zelte besser gleich offenstehen zu lassen und alles Eßbare, aber auch Toilettenartikel und Medikamente, im, durch gute Schlösser gesicherten Store unterzubringen.

Das waren die beiden ersten Lektionen, die der Safariführer seinen neuen Kunden an diesem Abend erteilte. Man war beeindruckt. Es versprach ohnehin, eine besondere Safari zu werden, wenn sie von einem Mann seines Schlages angeführt wurde. Er war eine Legende. Sein Name wurde von Kennern und Neidern mit Achtung genannt. Wer mit Willy Zingg auf Safari war, der konnte 'was erzählen.

Eigentlich hätte die Tour schon unter seiner Führung starten sollen, doch erfuhren die Teilnehmer über Funk, daß er noch mit wichtigen Reparaturen beschäftigt war und auch der zweite Pilot, ein Südafrikaner, erst in einigen Tagen in Maun eintreffen sollte. So hatten sie ungeduldig und voller Spannung auf ihn gewartet und sich die Zeit im Camp und mit "gewöhnlichen" Safaris, Tierbeobachtungen vom Auto aus, vertrieben. Doch dann, an diesem Morgen kreisten die beiden einmotori-

gen Cherokees über dem Camp und winkten mit den Tragflächen, gerade als die Gruppe zu einer Pirschfahrt aufbrechen
wollte. Die war jetzt natürlich zweitrangig geworden, jetzt galt
es, die Buschpiloten gebührend zu empfangen, und so ratterten
die beiden Landcruiser zum nur wenige Kilometer vom Camp
entfernten Flugfeld.

Vier der Safarigäste waren Landsleute Willys, sie hatten schon
in den vergangenen Tagen immer von "unserem" Willy
gesprochen und ihn wie einen alten Bekannten behandelt,
obwohl nur einer ihn je zu Gesicht bekommen hatte. Jetzt fuhren sie im vorderen Wagen, um die ersten bei der Begrüßung
zu sein. Als Landsleute erwarteten sie gewisse Privilegien und
es war nicht zu verheimlichen, daß sie einen gewissen Stolz
empfanden.

Da schwebten die Maschinen ein, fast berührten die Fahrge-
stelle die Wipfel der Mopanebäume am Rand der primitiven
Rollbahn. Eine Warzenschweinrotte trabte mit antennenartig
aufgerichteten Schwänzen über die graue Buschpiste, dann
setzten die Sportflugzeuge holprig auf und rollten aus. Willy
Zingg kletterte als erster aus seinem Cockpit und reckte die
vom langen Flug verkrampften Glieder. Der Südafrikaner stieg
unbeachtet aus der anderen Maschine.

Willy Zingg war nicht sehr groß, keineswegs so hünenhaft, wie
ihn sich seine Schweizer Landsleute vorgestellt hatten. Er war
das, was man einen gut aussehenden Mann in den besten Jahren nennen konnte. Er trug, wie sie es nicht anders erwartet
hatten, einen khakifarbenen Safarianzug mit kurzärmeligem
Hemd und knöchelhohen Treckingschuhen. Auf seinem Kopf
saß eine Legionärsmütze, wie sie schon John Wayne in "Hata-
ri" getragen hatte. Sein braunes, wettergegerbtes Gesicht war
glatt rasiert und unter der Mütze hervor glitzerten die blonden

Haare im Licht der Sonne. Seine Augen versteckten sich hinter einer großen Sonnenbrille und um seine schmalen Lippen spielte ein heiteres, sympathisches Lächeln, als er jeden seiner Gäste mit Handschlag begrüßte. Dann stellte er ihnen Trevor, den südafrikanischen Piloten vor und lud alle zu einem Rundflug über das Delta des Okavango ein.

Begeistert stimmten sie zu und verteilten sich auf die beiden Maschinen. Die Schweizer legten Wert darauf, ihren Jungfernflug über afrikanischem Buschland mit ihrem Landsmann zu absolvieren und von den anderen Gästen hatte niemand etwas dagegen.

Die afrikanische Landschaft vom Flugzeug aus zu erleben, war an sich schon unbeschreiblich beeindruckend. Mit einem Buschpiloten wie Willy wurde das Ganze zu einem unvergeßlichen Abenteuer. Der gebürtige Solothurner war in der Luft zu Hause und kannte die Wildnis Alaskas von oben ebenso gut wie die unendliche Wüste der Kalahari. Den Kunstflug beherrschte er bis zur Perfektion, eine Landung bei stockfinsterer Nacht auf einsamer Buschpiste war für den zum Blindflug ausgebildeten Piloten kein Problem. Bei seinen Rundflügen gab er gerne kleine Kostproben seines fliegerischen Könnens.

Die Welt schien auf dem Kopf zu stehen. Nicht hoch über ihren Köpfen, sondern weit unter der Maschine zogen die weißköpfigen Seeadler ihre Kreise, wie weiße Schatten glitten silbern glänzende Reiher über die grünblaue Sumpflandschaft, und der schwarze Schatten der Cherokee hüpfte durch gemächlich ziehende Büffel- und Elefantenherden. Dann wurden grasende Zebras im Sturzflug angeflogen, Giraffen zogen vorsichtshalber die langen Hälse ein und beim Dahingleiten über die Wasserflächen der Okavangolagunen schienen die

Tragflächen die Spitzen des Papyrus zu berühren. Willy ließ keines seiner Kunststücke aus, doch es sollte noch besser kommen.

Beim Landeanflug auf die Buschpiste zog er die Maschine in letzter Sekunde in einem atemberaubenden Bogen nach oben, vollführte einen gekonnten Looping, wendete über den grauen Wipfeln der Mopanebäume und setzte von der andern Seite aus zur weichen und perfekten Landung an. Seinen Gästen erklärte er augenzwinkernd, er habe einen Goldschakal auf der Piste liegen sehen. Bleich im Gesicht, mit Schweißperlen auf der Stirn und wacklig auf den Beinen entstiegen die Schweizer der Maschine. Fürs erste schienen sie von Willys Flugkünsten genug zu haben und ein flaues Gefühl in der Magengegend war der Preis für diesen Exklusivflug.

Im Camp zurück, nützte Willy die Zeit, um angefallene Reparaturen vorzunehmen. Als gelernter Elektroingenieur und Allroundmann im Busch war es für ihn kein Problem, den Außenborder eines Boots wieder instandzusetzen, eine naß gewordene Kamera zu zerlegen oder eine zu Bruch gegangene Angelrute zu reparieren. Mitte der Siebziger hatte er in Botswana sein Safariunternehmen gegründet. Von der Stammesführung der Batawana hatte er das Stückchen Land am Rande des Okavangodeltas zur Benutzung erhalten und hier sein Camp in der Wildnis errichtet. Neben den großen grünen Zweibettzelten gab es Holzbaracken, die als Koch- und Lagerräume dienten, solarbetriebene Heißwasserduschen und, nicht zu vergessen, eine stilvolle Buschbar unmittelbar am Wasser, in der der Hausherr persönlich darüber wachte, daß bei den gerne getrunkenen Gin-Tonics die Mischung stimmte. Hier saß die Gruppe an den lauen Abenden und lauschte, während das Trillern der Glockenfrösche von den Sümpfen herüberhallte, den abenteuerlichen Geschichten, die Willy gerne erzählte. Er hatte sein Herz an Afrika verloren und liebte dieses Land. Mit trauriger Stimme sprach er von den Gefahren, die dem Okavango durch gierige Viehbarone oder Diamanten- minenbesitzer drohten.

Eine gewisse Melancholie kam immer dann auf, wenn er seine Mundharmonika aus der Tasche zog und sein Lieblingslied spielte:

> Und saßen wir am Feuer
> Des Nachts wohl vor dem Zelt,
> Lag wie in stiller Feier
> Um uns die nächt'ge Welt;
> Und über dunk'le Hänge
> Tönt es wie ferne Klänge
> Von Trägern und Askari:
> Heia, heia Safari!

Am Morgen war man schon vor Tagesanbruch aufgebrochen, um ein Fußwanderung zu unternehmen. Sehr zur Verwunde- rung seiner Safarigäste trug Willy keine Waffe bei sich. Was würde geschehen, wenn sich ein Elefant ihnen in den Weg stellen würde? Oder wenn sie, was im sicheren Auto ja durch- aus ein herbeigesehntes Safarivergnügen war, hinter dem nächsten Gebüsch einem Löwenrudel begegnen würden?
Bedenken dieser Art trug zwar jeder mit sich, doch keiner wagte, sie zu äußern. Schweigend folgten sie, in seine Spuren tretend, dem unsichtbaren Pfad, den er beschritt. Warzen- schweine und Moorantilopen waren zunächst die einzigen nennenswerten Tiere, die sie zu Gesicht bekamen. Sie hatten sich schon über eine Stunde vom Camp entfernt, als Willy

plötzlich stehen blieb und Schuhe und Socken auszog. Keine Frage, er hatte vor, barfuß weiter zu marschieren. Schon wollten die ersten lächelnd ihren Weg fortsetzen, als Willy sie kopfschüttelnd zurück hielt.

"Wollt ihr mit euren Schuhen durch das Wasser laufen?" fragte er ungläubig. "Ihr würdet euch über die Blasen, die ihr anschließend bekommt, sehr wundern."

Zögernd begann man, die Schuhe aufzuschnüren und sich auch der Socken zu entledigen. Hatte man nicht ein paar Tage zuvor in dieser Gegend dieses beeindruckende Krokodil gesehen? Gab es nicht auch Schlangen, die schwimmen konnten? Oder Blutegel?

"Blutegel sind gesund!" sagte Willy, der ihre Gedanken zu lesen schien, grinste schelmisch und schritt voran. Das Wasser in der Senke stand nur kniehoch und es lief sich angenehm weich auf den grasigen Boden. Das Wasser war kühl und belebte die müden Füße. Am anderen Ufer des Schwemmlandes ließen sie sich auf einem der alten schiefergrauen Termitenhügel nieder, um das Schuhwerk wieder anzuziehen. Jetzt, nachdem es überstanden war, waren sie ihm unendlich dankbar für dieses erste Abenteuer.

Er hatte die Spitze des höchsten Termitenhügels bestiegen und hielt sich das Fernglas an die Augen. Mit seiner Legionärsmütze, der Feldflasche und seinem Safarianzug erinnerte er an das in Erz gegossene Denkmal David Livingstones an den Victoriafällen in Zimbabwe.

"Löwen", zischte er nur und stieg von seiner Kanzel herunter. "Ein ganzes Rudel."

"Wo?" fragte einer der Schweizer und seine Stimme hatte etwas Besorgtes.

"Nicht weit von hier", sagte Willy und deutete nach Westen. "Der Wind steht gut, wir können näher 'ran."

"Näher ran?" fragte jetzt ein anderer zaghaft.

"Sie können uns nicht wittern."

"Aber wir haben keine Waffe."

"Waffe?" Willy lachte leise. "Wozu? Wir begegnen der Natur mit Respekt, nicht mit der Waffe. Eine Waffe nützt dir gar nichts gegen ein Löwenrudel. Respekt schon."

"Ist es nicht doch riskant?"

Doch Willy schüttelte nur den Kopf. Seit fast dreißig Jahren trieb er sich jetzt im afrikanischen Busch herum. Gewiß, ein Restrisiko blieb immer, wenn man sich in der Wildnis frei bewegte. Aber er hatte nie die Gefahr unterschätzt oder gar herausgefordert. Die Löwen waren noch weit genug entfernt, sie hatten sich die Mägen an einem fetten Kudubock vollgeschlagen und dösten in einem Akaziendickicht. Man konnte sich ihnen ohne Gefahr soweit nähern, daß sie wenigstens mit bloßem Auge zu beobachten waren. Sie würden nicht im Traum daran denken, anzugreifen.

"Doch wenn ihr nicht wollt...", meinte er und blickte in die Runde.

"Natürlich wollen wir!" sagte einer jetzt und die anderen nickten stumm. Keiner wollte als Feigling gelten, obwohl dem einen oder anderen das Herz in die Hose rutschte, bei dem Gedanken, den Löwen gleich Aug' in Aug' gegenüber zu stehen, ohne die schützende Karosserie des Safarifahrzeugs. Willy Zingg lachte in sich hinein. Sonst konnte man die Touristen nicht nah genug an die Tiere herankarren, jetzt kniffen sie fast bei einer harmlosen Fußpirsch.

Hinter einem flachen Termitenbau gingen sie in Deckung. Die Löwen waren vielleicht noch hundertfünfzig Meter entfernt.

Das war den meisten nah genug. Nicht aber Willy Zingg. Er hatte vor, einen neuen Beweis für seine Meisterschaft im Busch zu liefern. Die Chancen für sein Vorhaben waren so gut wie sonst nur selten und er warf eine Handvoll Sand in die Luft, um noch ein letztes Mal die Windrichtung zu prüfen. Der Rest der Löwenbeute lag etwa zwanzig Meter von dem Rudel entfernt in ihrer Richtung.

"Ihr wartet hier auf mich. Ich bin gleich wieder zurück."

"Was hast du vor?" fragte einer der Ängstlichen.

"Er holt unser Abendessen", erklärte der, der schon einmal mit Willy unterwegs gewesen war. Verdutzt sahen sie zu, wie Willy in gebückter Haltung über die Savanne huschte. Dann nach halbem Weg richtete er sich auf und zeigte sich den Löwen in voller Größe. Die Katzen spitzten für kurze Zeit die Ohren, dann legten sie sich wieder träge zurück und dösten weiter. Sie waren an Menschen gewöhnt, wenn auch die meisten mit Fahrzeugen kamen, und sie wußten, daß ihnen keine Gefahr drohte. Hier im Schutzgebiet war die Jagd verboten.

Willy blieb stehen und zählte die Rudelmitglieder durchs Fernglas. Es waren vier Tiere, zwei Erwachsene mit zwei Jungen. Mit hungrigen Löwen würde er sich dieses Spielchen nie erlauben, doch diese hier waren satt und faul, sie würden sich eher zurückziehen, als ihn angreifen. Langsam bewegte er sich auf den Kudu zu. Der hintere Teil des Kadavers war noch fast unversehrt, die Löwen hatten die Bauchhöhle aufgeschlitzt und sich an den Innereien sattgefressen.

Er beobachtete, wie sich ein Schabrakenschakal dem Riß näherte. Würden die Löwen ihn dulden, war das ein gutes Zeichen. Unbehelligt zerrte der kleine Räuber sich einen fetten Bissen aus der Beute und verschwand im Busch. Die Löwen hatten überhaupt keine Notiz von ihn genommen. Willy hatte sich bis auf wenige Meter an den Kudu herangepirscht, als er den Schrei über sich hörte. Im selben Moment streifte ihn ein Schatten und der Geier stieß auf das Aas herab. Willy hob die Arme und fauchte. Der Geier flatterte nervös auf und suchte sich einen sicheren Platz auf einem der Bäume. Eine Minute später tauchte ein zweiter am Horizont auf. Es würde nicht lange dauern und hunderte von Geiern würden die Reste der Antilope zerreißen und sich um die kleinsten Fleischbrocken zanken.

Willy kniete neben dem Kudu und schnitt ein großes Stück Lende aus dem Fleisch. Die Löwen gähnten müde, irgendwo im Busch lachte eine Hyäne. Auch sie hatte Witterung bekommen und kam, um sich ihren Anteil zu sichern. Langsam zog sich Willy zurück und überließ den Geiern das Feld. Noch eher er seine Gruppe wieder erreicht hatte, drang das aufgeregte Kreischen der futterneidischen Aasfresser an sein Ohr. Bald würden nur noch die Knochen des Kudus weiß in der Sonne glänzen und am nächsten Morgen von den Hyänen in alle Winde verstreut sein.

Willy hatte sich das Fleisch über die Schulter gehängt und zog mit seinen Touristen zum Camp zurück. Dann machte er sich daran, die Kudulende zu zerlegen und die weißen Muskelfasern aus dem saftigen roten Fleisch zu schneiden. Es würde für jeden ein saftiges Steak und eine gute Portion Geschnetzeltes geben. Die Fleischreste und die Knochen wickelte er in Papier und band sie mit einer dicken Schnur an einen kleinen Baum am Rand des Lagers. Es war ein alter Trick, auf diese Weise die heimlichen Unheimlichen der Nacht anzulocken.

Noch hatte sich die Dunkelheit nicht ganz über das Lager gesenkt, als das Rascheln des Papiers den ersten Feinschmekker verriet. Der Lichtstrahl der Taschenlampe fiel auf einen Honigdachs, der mit seinen scharfen Krallen die Beute aus ihrer Verpackung riß. Er schnappte sich einen fetten Brocken und war auch schon wieder in der Nacht verschwunden. Der nächste, der sich seinen Teil abholte, war der Schabrackenschakal. Leise und heimlich, wie es die Art der nächtlichen Jäger ist, tauchte er aus dem Busch auf, witterte vorsichtig wie ein Fuchs, gab sich mit einem Happen Muskelfleisch zufrieden und huschte aus dem Lichtkegel. Dann war es lange Zeit still.

Schon hatten sich die ersten aus der Gruppe zum Schlafen verabschiedet, als ein ohrenbetäubender Lärm die Stille zerriß. Man hörte das Splittern von Holz, ein lautes Rascheln von Papier und das hämische Lachen der Hyäne. Bis die Taschenlampenstrahlen ihren Weg zum Futterplatz fanden, war der Spuk schon verflogen. Nur die Reste der Schnur hingen noch an dem arg in Mitleidenschaft gezogenen Baum, von dem Kudufleisch keine Spur. Der Räuber hatte ganze Arbeit geleistet und die Spuren bewiesen, daß hier die starken Kiefer einer Hyäne zugepackt hatten.

Die Tage waren gefüllt mit Bootstouren, Fußpirschen, Ausflügen zu den Inseln im Delta, sie erlebten Geparde auf der Jagd, den Angriff eines Flußpferds, als sie mit dem Rover in einer Wassersenke stecken blieben und beobachteten die Schreiseeadler beim Fischzug. Am letzten Morgen startete man schon früh zu einem Besuch bei den Buschmännern der Tsodilo-Hills am Rande der Kalahari. Willy Zingg hatte in der Nähe des Dorfes einen Landestreifen angelegt, der inzwischen auch von zahlreichen anderen Safariunternehmen benutzt wurde. Doch wenn Willy mit seinen Gruppen die San, wie sich die Buschleute selbst nannten, besuchte, war das etwas Besonderes. Er hatte sich über Jahre hinweg die Freundschaft der kleinen Jäger gesichert, kannte alle mit Namen und brachte ihnen Arznei und andere nützliche Dinge in den Kral. Jeder in der Gruppe spürte die Gastfreundschaft und die Herzlichkeit der Menschen, es war keine inszenierte Führung durch ein Freilichtmuseum, sondern ein Besuch bei Freunden.

Man saß mit ihnen am Feuer und sie zeigten die Eigenheiten ihres Lebens. Man zog mit ihnen an den Rand des Krals und sie führten stolz ihren Umgang mit Pfeil und Bogen vor. Einer der Jäger führte die Gruppe hinauf zu den Tsodilohügeln, wo sich an versteckten Plätzen die alten Felszeichnungen der San befinden. Um die schönsten zu sehen, bedurfte es einiger Kletterei, doch die Mühe lohnte sich allemal. In roten Farben leuchteten Nashörner und Giraffen auf dem grauen und gelben Felsen, Handabdrücke signierten die steinzeitlichen Kunstwerke, ganze Jagdszenen mit langbeinigen Jägern und großkopfigen Elanantilopen gab es zu entdecken. Nie war man dem ursprünglichen Afrika, das eines Tages für immer verloren sein wird, so nah.

Zum Abschied tanzten die San und sangen eines ihrer melancholischen Lieder. Etwas abseits unter einem Baum saß Willy Zingg und sah ihnen nachdenklich zu. "...wie lauschten wir dem Klange, dem alten trauten Sange...", hieß es in einer anderen Strophe seines Liedes. Wie lange würden sie noch so unbeschwert singen können? Wie lange würde man ihre Sprache mit diesen typischen Klicklauten noch in den weiten Ebenen der Wüste hören können. Als er vor vielen Jahren zum ersten Mal auf die San gestoßen war, hatten sie noch keinen Kontakt mit der Zivilisation. Jetzt türmten sich Abfallhaufen aus Plastikflaschen und Blechdosen rund um den Kral und Feuerzeuge ersetzten die traditionelle Art des Feuermachens durch Reibungshitze.
Es war Zeit, aufzubrechen.
"Wir sollten uns bei den San bedanken und auch ein Lied für sie singen", meinte Willy und zog die Mundharmonika aus der Tasche. Sie sangen das Lied von den Bergvagabunden, sehr zur Freude der kleinen Jäger am Rande der großen Kalahari.

Beim Anflug auf die Stadt Maun mit ihren weit verstreuten Hütten, stellte sich das Bewußtsein ein, wieder zurück in der Zivilisation zu sein. Willys Hauptquartier lag am Ufer des Thamalakane nördlich vom Zentrum der Stadt, von hier aus ging die Reise noch zu den Viktoriafällen, dem donnernden Rauch, wie sie von den Einheimischen genannt wurden.

Hier verabschiedete sich die Gruppe von Willy, der noch einige Monate in Afrika bleiben, und dann für ein paar Wochen in seine Schweizer Heimat zurückkehren wollte. Oh, was gab es alles zu erzählen, welch' schöne Abenteuer hatte man erlebt, die Geschichte mit dem Löwenriß würde ohnehin niemand glauben, aber von dem angreifenden Flußpferd hatte man ja Gott sei Dank ein paar Fotos geschossen.

Willy sah zu, wie seine Gäste im Bauch der Air-Zimbabwe-Maschine verschwanden und winkte ihnen mit seiner Legionärsmütze nach. Er war wieder allein in Afrika. Seine Cherokee war leicht, als sie von der Landebahn abhob und er der untergehenden Sonne entgegenflog. Er setzte die Sonnebrille auf und schaltete den Autopilot ein. Was für ein Leben, was für ein Land. Das Lied ging ihm wieder durch den Kopf und der Text der dritten Strophe fiel ihm ein.

Tret' ich die letzte Reise,
Die große Fahrt einst an,
Auf, singt mir diese Weise
Statt Trauerliedern dann,
Daß meinem Jägerohre
Dort vor dem Himmelstore
Es klingt wie ein Halali:
Heia, heia Safari!

Willy Zingg verunglückte während seines Besuchs in der Heimat auf einer Bergwanderung in den Berner Alpen tödlich.

Lebossos Lied vom Regen

"Wenn man Siebzigjährigen so sieht, glaubt man kaum, daß er
seit Jahren nicht mehr in seiner Manyatta war"
(22.9.1996, Kenya)

Die "Grünen Hügel Afrikas" lagen vor uns, genau so wie
sie Ernest Hemingway in seinem gleichnamigen Safariroman
beschrieben hatte. Von unserem Beobachtungspunkt aus sahen
wir hinunter in das wellige Tal des Sandriver, an dessen Ufer
unser kleines Camp lag und hinüber bis nach Tanzania, wo die
Serengeti mit der kenyanischen Maasai Mara zu einem einzigartigen Tierparadies zusammenwuchs. Wie die Flecken im
Fell eines Leoparden stachen die dunklen Umrisse der
Schirmakazien aus der Savanne hervor, im Fernglas konnten
wir Büffel, Zebras, Elefanten und Giraffen auf ihren Wande-
rungen durch das Weideland erkennen.
Über unseren Köpfen lachte ein blauer Himmel, doch drüben
über den grünen Hügeln hingen in düsterem Grau dicke
Regenwolken und schoben sich langsam vor die untergehende
Sonne. Ob sie wohl den lange ersehnten Regen bringen würden? Hier am Fluß war die Savanne grün, doch jenseits des
breiten Tals erstreckten sich dürre, gelbe Graswüsten, die
schon monatelang kein Wasser mehr gesehen hatten. Die Gnus
und Zebras, die den langen Weg von der Serengeti hierher
gezogen waren, warteten sehnsüchtig auf den Regen, der das
Gras sprießen lassen würde. Das jämmerliche Blöken der
Kälber und Fohlen hatte uns hierher begleitet, doch nur wenige
Tiere hatten mit uns den Weg in das grüne Tal gefunden.

Wir erreichten unser Camp, als die Sonne unterging und der

Regen einsetzte. Einsam und verlassen standen drei Zelte am Flußufer. Wie wir erfuhren war außer uns nur noch ein anderes Paar zu Gast; die beiden waren jedoch auf der Abendpirsch unterwegs und so nützten wir das letzte Tageslicht, um es uns in unserem Zelt gemütlich zu machen. Die grünen Hauszelte waren bequem eingerichtet, weich gepolsterte Feldbetten mit Frotteeüberzügen sorgten für angenehm warme Nächte. Zwei kleine Nachttische, ein paar Kleiderbügel, die in den Ösen an der Zeltwand hingen, eine Petroleumlampe, ein Behälter mit frischem Wasser und eine Trinkwasserkanne, mehr brauchte man nicht an Campingkomfort in Afrika. Über den kleinen Duschzelten hingen Säcke mit Gießkannendüsen, die auf Wunsch mit warmem oder kaltem Wasser gefüllt wurden. Hierfür war N'dungo zuständig, der mit seinem grünen Arbeitsanzug und seiner roten Mütze Tag und Nacht durch das Camp zu wuseln schien.

Es war aufregend, nach so langer Zeit wieder einmal eine Nacht unter dem klaren Sternenhimmel Afrikas zu verbringen, die Augen konnten sich satt trinken im Anblick der Milchstraße und des Kreuz' des Südens, nirgends leuchten die Sterne mit solcher Kraft und in so großer Zahl wie am Äquator. Wir hatten ein gutes Essen serviert bekommen und lagen schon bald in den Feldbetten, um uns von der langen Fahrt, die uns von Nairobi aus über Narok in die Maasai Mara geführt hatte, zu erholen. Draußen vor dem Zelt quakten die Kröten und auch das entfernte Brüllen des Löwen mischte sich unter die nächtlichen Laute. Ich war schon eingeschlafen, als sich ein leiser, monotoner Gesang in meine Träume schlich. Ich kam zu mir und lauschte in die Nacht hinaus. Ja, es war ganz deutlich zu hören. Eine tiefe, heißere Männerstimme sang in einer mir fremd klingenden Sprache, wobei keine eindeutige Melodie, wohl aber ein gleichmäßiger Rhythmus zu erkennen war. Gab es ein Dorf in der Nähe oder kam die Musik aus dem Camp? Neugierig geworden nahm ich meine Taschenlampe und schlich aus dem Zelt.

Der Gesang erklang aus der Richtung, in der unser Feuerplatz lag, nur wenige Meter von unserem Zelt entfernt. Die Nacht war klar und meine Augen gewöhnten sich rasch an die Dunkelheit. Dort, bei dem Feuer, sah ich die Umrisse eines Mannes, der neben den glühenden Holzscheiten zu sitzen schien. Sein Körper wurde von einem weiten Umhang bedeckt, sein Gesicht konnte ich nicht erkennen, da er mir den Rücken zuwandte. Auf seinem Kopf saß ein unförmiger Schlapphut und neben ihm im Sand steckte ein Speer, wie ich ihn schon bei den Massai und Samburu gesehen hatte. Ich blieb stehen und lauschte. Es waren ständig die selben Phrasen, die er sang, monoton und mit fast rauher Stimme. Wer war der Mann? Gehörte er zur Campcrew oder war er ein Nomade, der sich hier an unserem Feuer wärmte? Ich zog mich wieder in mein Zelt zurück. Der Gesang hatte aufgehört und nur das glockenhelle Klirren der Frösche drang an meine Ohren.

Nach dem Frühstück trafen wir uns bei den Fahrzeugen, um zum "Game-Drive", zur Pirschfahrt aufzubrechen. Da wir nur zu viert waren, gab es genügend Platz im Landrover und wir konnten selbst bestimmen, wohin die Reise gehen sollte. Barbara, unsere Betreuerin im Camp, stellte uns Gideon, unseren Fahrer vor und reichte jedem von uns Proviant für den Tag.
"Hättet ihr etwas dagegen", meinte sie schließlich, "wenn noch jemand euch begleitet?"
Der kleine Mann stand plötzlich neben ihr, wie aus dem Boden gewachsen. Er trug einen schmutzigen braunen Mantel und der

Schatten des hellen unförmigen Schlapphuts fiel in sein runzeliges Gesicht. Seine Ohrläppchen waren gewaltsam ausgeweitet und trugen bunte Ohrringe aus billigen Plastikperlen, die Lippen, untypisch schmal, versuchten ein Lächeln, seine Augen waren von einem milchig weißen Schleier überzogen. Wir erfuhren später von Gideon, daß er fast erblindet war und früher im Camp als Fährtensucher gedient hatte. Jetzt war er alt und wacklig auf den Beinen und hatte im Camp die Aufgabe, für das Feuer zu sorgen und den Lagerplatz sauber zu halten. Der Druck seiner knöchernen Hand war kräftig und man konnte ahnen, daß er einst ein schneller und gewandter Jäger gewesen war. Er war Massai und hieß Lebosso.

Lebosso saß neben Gideon auf dem Beifahrersitz und blickte wie wir fasziniert in die Landschaft, durch die wir fuhren. Leider verstanden wir kein Wort von dem, was er sagte und Gideon erklärte uns, daß er kein Wort Englisch, kaum Suaheli, sondern nur das Maa, die Sprache der Massai spreche. Was mochte den alten Mann dazu getrieben haben, schon vor vielen Jahren seinen Stamm und seine Herden zu verlassen und sich dem weißen Mann anzuschließen? War er ein Ausgestoßener, ein Verbannter, ein Heimatloser? Hatte er erkannt, daß die Zukunft in den Städten der Weißen lag und nicht in den Manyattas der Schwarzen? Hatte er gespürt, daß das Geld der Weißen mehr Wert sein würde als die Rinderherden der Massai? Gehörte er zu einem Dorf, dessen Bewohner man vertrieben hatte, weil es auf dem Gebiet einer Farm lag? Zu einem Kral, der den Bauvorhaben der Weißen weichen mußte oder zu einer Sippe, die ihr Vieh nicht mehr zur Tränke führen durfte, weil der Weg durch einen Nationalpark führte?
Noch immer sind die Massai Nomaden, die mit ihren Herden von Wasserloch zu Wasserloch ziehen und deren soziales

Leben streng von alten Ritualen und Traditionen bestimmt wird. Hierzu zählt auch die Rangordnung des Alters und Lebosso wäre mit seinen über siebzig Jahren sicher ein angesehener Ältester in seinem Clan gewesen.

Wir hatten angehalten, um eine Giraffenherde zu beobachten. Eines der Tiere hatte keinen Schwanz mehr und war wehrlos gegen die Fliegen und Mücken, die es peinigten. Mehrere Stellen an seinen Oberschenkeln waren wund und blutverschmiert, wodurch immer noch mehr Insekten angelockt wurden. In den fleischigen Narben saßen Madenhacker, um sich an dem reich gedeckten Tisch zu bedienen, wobei immer tiefere Wunden entstanden.

Lebosso saß zunächst stumm auf dem Beifahrersitz, dann begann er leise zu summen. Das Lied wurde lauter und eine einfache monotone Melodie ließ sich heraushören.

"Er singt ein Lied für die kranke Giraffe", erklärte uns Gideon.
"Woher weiß er, daß sie krank ist?" fragte ich, denn er konnte ja fast nichts sehen.
"Er riecht das Blut und er singt für sie, weil sie die kommende Nacht nicht überleben wird."
Ein leichter Schauer lief mir über den Rücken. Lebosso sang das Requiem für ein totgeweihtes Tier. Gewiß, eine wunde Giraffe war leichte Beute für die Löwen, und doch erstaunte mich die Sicherheit, mit der er ihren Tod für die kommende Nacht vorhersagte.

Als wir weiterfuhren, zog Lebosso einen schwarzen Wedel aus seiner braunen Jacke und hielt ihn winkend aus dem Fenster. Ich sah, daß es ein Gnuschwanz war, mit einem geflochtenen Ledergriff. Später beobachtete ich, daß Lebosso ihn auch

136

benützte, um die lästigen Fliegen von seinem Gesicht zu vertreiben. Jetzt aber winkte er den Tieren zum Abschied damit zu, eine Zeremonie, die sich jedesmal wiederholte, wenn wir nach einem Fotostop oder einer Safaripause weiterfuhren. Dabei murmelte er unverständliche Worte oder fiel in einen leisen Singsang und ich war mir sicher, daß diese Laute den Tieren galten.

Besondere Freude hatte der alte Massai an den Elefanten, auf die wir in der Maasai Mara reichlich stießen. Vielleicht lag es daran, daß er die Grauen Riesen wegen ihrer Größe trotz seines Augenleides erkennen konnte. Oft parkten wir lange Zeit im Rover neben Elefantenherden, um sie zu beobachten und auch Lebosso sah fasziniert zum Fenster hinaus, sang eines seiner Lieder und winkte mit dem Gnuschwanz.

Wir verbrachten die heiße Mittagszeit im Schatten einiger großer Bäume direkt oberhalb des Maraflusses, mit herrlichem Ausblick auf eine Flußschleife mit breiten Sandbänken, auf denen sich prächtige Krokodile sonnten. Immer wieder tauchten die schwarzen Köpfe der Flußpferde prustend aus den Fluten auf, die kleinen Ohren flatterten und die Schweinsaugen sahen listig zu uns herauf. Plötzlich nahm mich Lebosso bei der Hand und führte mich ein paar Meter flußabwärts, wo das Ufer flacher wurde. Er deutete auf den sandigen, plattgewalzten Boden und zeigte immer wieder zu den Hippos im Fluß. Zunächst verstand ich nicht, was es hier zu sehen gab, doch dann erkannte ich die Spuren am Boden und sah auch die kotverspritzten Bäume. Lebosso hatte mich zu einem Flußpferdpfad geführt, den die Tiere benutzten, wenn sie nachts zum Weidegang an Land zogen. Ich signalisierte, daß ich verstanden hatte und klopfte ihm auf die Schulter.
"Hippopfad", sagte ich und er nickte schnell.

"Hakuna Hippo", entgegnete er. Nein, jetzt um diese Zeit war kein Hippo auf dem Pfad zu sehen.

"Hippo mto", versuchte ich jetzt, als ich merkte, daß er durchaus einige Brocken Suaheli und Englisch verstand.

"Ndyio", meinte er zustimmend. Ja, die Hippos seien im Fluß. Wir grinsten uns an.

"Asante sana, Lebosso", bedankte ich mich. Dann gingen wir zu unserem Picknickplatz zurück.

Die Abende sind mit das Schönste auf einer Safari. Ich habe Lodges kennengelernt, von deren Terrasse aus man während der ganzen Nacht Tiere am Wasserloch oder an der Salzlecke beobachten konnte. Die prächtigsten Spitzmaulnashörner habe ich auf diese Weise in den Aberdares beobachtet, einen Leoparden in Samburu und die seltenen Streifenhyänen in Amboseli. Doch keines dieser komfortablen Buschhotels ist vergleichbar mit einem Zeltcamp. Das offene Feuer, der wärmende Tee, die Geräusche der Wildnis, der leise säuselnde Wind, die nächtliche Einsamkeit. Das alles bot keine Lodge, kein Baumhotel in ganz Afrika. Das Ursprünglichste bei unserer Safari aber waren Lebossos Gesänge.

So, wie ich ihn in der ersten Nacht beobachtet hatte, saß er jeden Abend am Feuer und sang. Schon während wir im großen grünen Meßzelt aßen, schichtete er das Brennholz auf und sorgte für eine gute Glut. Mit seinem Speer stocherte er im Feuer herum, bis es hell genug loderte, schob hier oder da noch einen Ast nach, betrachtete in aller Ruhe sein Werk und nahm schließlich singend neben dem Feuer Platz. Anfangs zog er sich, wenn wir zum Feuerplatz kamen, leise zurück, doch wir luden ihn ein, bei uns zu bleiben, was er dann auch erfreut tat.

Leise begann er seinen Gesang, wurde langsam lauter und rhythmischer und begann, als er unser Interesse bemerkte, sogar mitzuklatschen. Der Rhythmus steckte uns an, unsere Hände fanden den Takt und angespornt durch unser Mittun lief

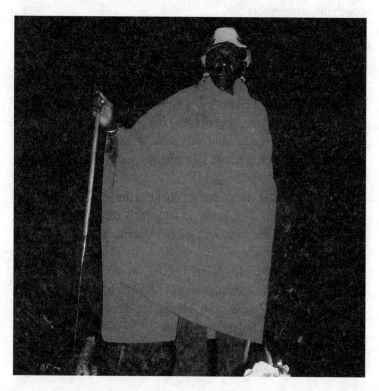

er zur Hochform auf. Wir begannen, einzelne Worte zu verstehen und mitzusingen. Da wurde auch seine Artikulation deutlicher und bald sang unser ganzer kleiner Chor das Lied vom "Sand - a - River - Sand - River - sana - sana". So zumindest hörte es sich in unseren europäischen Ohren an. Was es bedeutete, ob es ein Lied über den Sandriver war, an dessen Ufer unsere Zelte standen, ich weiß es bis heute nicht.

139

"Lebosso singt für Regen", sagte mir später N'dungo in der kleinen und zweckmäßig eingerichteten Buschküche, wo auf dem offenen Feuer die Teekanne mit heißem Wasser stand.

"Aber es hat doch bisher jeden Abend einen kleinen Schauer gegeben", entgegnete ich.

"Ja, weil Lebosso gesungen hat. Es regnet hier nur, wenn Lebosso das Lied vom Regen singt!"

Ich schüttelte ungläubig den Kopf. Gewiß, es war ungewöhnlich früh im Jahr für die Regenzeit und doch zogen jeden Abend düstere Wolken über den Hügeln auf und brachten mehr oder weniger kräftige Regengüsse. Ich gesellte mich wieder zu den anderen ans Feuer und sah dem Massai zu, wie er Holz nachlegte. Dann ging ich zu ihm hinüber.

"Jambo, Lebosso. Habari gani?"

"Nzuri sana." Die Begrüßungsfloskel, die am Strand jeder Tourist am ersten Tag lernt, leitete auch diese Unterhaltung ein. Sofern man das, was nun folgte, überhaupt eine Unterhaltung nennen kann.

Lebosso fing nämlich gleich wieder an zu singen und ich nützte seine erste Atempause, um ihn nach dem Inhalt des Lieds zu fragen: "Maji?" und ich machte dazu mit den Fingern die Bewegung von fallendem Regen.

Lebosso lachte und nickte. Ja, es war das Lied vom Regen, das er sang.

Die abendlichen Unterhaltungen mit Lebosso wurden von nun an zum Ritual. Oft ging ich auch schon vor dem Essen hinaus zum Feuerplatz, um ihm bei der Arbeit zuzusehen. Der gut zwei Meter lange Massaispeer ragte hoch neben dem Feuer aus dem Sand, gewöhnlich trug er noch seine alte braune Jacke, die er erst nach getaner Arbeit gegen seinen leuchtend roten Umhang eintauschte. Wenn das Feuer loderte, begann er zu singen, immer wieder die gleichen Melodien, zu einem monotonen, gestampften oder geklatschten Rhythmus.

An unserem letzten Abend im Camp steckte ich mein Taschenmesser ein, und das kleine Diktiergerät, das ich für spontane Einfälle und Ideen mitführte. Lebosso hatte schon seinen Singsang begonnen und begrüßte mich. Ich schaltete unauffällig das Diktiergerät in meiner Hemdtasche ein und schnitt ein paar Minuten lang mit.
Als er eine Pause einlegte, holte ich das Gerät heraus, spulte zurück und spielte ihm die Aufnahme vor. Ich weiß nicht, ob der Massai je zuvor seine Stimme schon einmal gehört hatte. Seine matten Augen bekamen einen seltsamen Glanz, sein Gesicht hellte sich zu einem breiten Lächeln auf und dann begann er, mitzusingen. Er sang zu seiner eigenen Stimme, hielt sich das Gerät dicht an die Ohren, lachte und sang.
"Maji", sagte er laut und zeigte immer wieder auf das Gerät.
"Lebosso singt das Lied vom Regen!"
Wieder und wieder lief das Band, fasziniert sang er mit und reichte mir das Gerät schließlich zurück.

"Rafiki - Freund" sagte er und legte mir seinen Arm schwer auf die Schulter.
"Rafiki", sagte auch ich und zog das Taschenmesser hervor. Ich legte es in seine Hand und schloß seine Finger darum. Er verstand die Geste und drückte mir dankend beide Hände. Wir setzten uns ans Feuer und ich zeigte ihm den Gebrauch der verschiedenen Klingen. Am meisten faszinierte ihn allerdings nicht die scharfe Schneide der Messerklinge, sondern der Flaschenöffner, mit dessen Form er allerdings nichts anzufangen wußte. Ich holte mir ein Tusker aus dem Kühlschrank beim Meßzelt und führte ihm das Werkzeug vor. Nie habe ich

Lebosso Bier trinken sehen, und ich glaube nicht, daß ihn mein gutgemeintes Geschenk auf den Geschmack gebracht hat.

Lebosso fischte mit seinen Händen nach einem Gegenstand unter seinem Umhang und zog schließlich seinen Fimbo, den Hirtenstock hervor. Er überreichte ihn mir, doch ich wies das Geschenk zurück und bedeutete ihm, daß ich für das Messer kein Gegengeschenk wollte. Lebosso war einverstanden.

Er stand auf und schritt hinüber zu seinem Speer. Er zog ihn aus dem Sand, nahm die bedrohliche Haltung eines Speerwerfers ein und zeigte auf einen kleinen Busch hinter dem Feuer.

"Simba!" sagte er, verdrehte die Augen und brüllte wie ein Löwe.

"Du hast einen Löwen mit dem Speer getötet?" fragte ich, Arme und Beine für die Zeichensprache zur Hilfe nehmend. Ich hatte schon oft davon gehört, daß bei den Massai nur als richtiger Krieger galt, wer dem Löwen mit dem Speer entgegengetreten war. Seit große Teile Kenyas Naturschutzgebiete waren, war dieser Brauch verboten worden, doch Lebosso konnte als junger Bursche durchaus noch auf der Löwenjagd gewesen sein.

Er nickte und schickte sich an, mir den Beweis zu liefern. "Simba sana" sang er jetzt, bewegte sich wippend hin und her, zielte mit dem Speer, holte mehrmals aus, ohne zu werfen. Der imaginäre Simba war wohl noch zu weit weg. Näher und näher schlich sich Lebosso an den Busch an, dann flog der Speer in das Dickicht.

Lebosso machte mit der rechten Hand das Zeichen des Halsabschneidens und ich verstand. Der Löwe war tot, getroffen von seinem Speer. Das war ein Grund zu singen, feierlich und laut. Mein Diktiergerät war auf Aufnahme gestellt.

Als wir uns am nächsten Morgen aus dem Camp verabschiedeten, war der Massai nicht zu sehen, wie er auch schon während der Safari oft stundenlang verschwunden war. Gerne hätte ich ihm auf Wiedersehen gesagt und ein letztes Lied mit ihm gesungen. Bleibt nachzutragen, daß wir unweit des Camps den Kadaver der schwanzlosen Giraffe gefunden haben. Sie war, wie es Lebosso gesagt hatte, in einer der letzten Nächte von Löwen gerissen worden.

Die Bilder, die ich am Feuer von ihm gemacht hatte, habe ich ihm später geschickt und ich hoffe, daß er sich trotz seiner schlechten Augen erkennen kann.

Wenn daheim in Deutschland die Nächte lau sind und man die Sterne am klaren Himmel leuchten sieht, kann es passieren, daß ich die Kassette einlege und darauf warte, daß nach dem Gesang der Glockenfrösche vom Sandriver Lebossos Lied erklingt. Lebossos Lied vom Regen.

Das Gnu am Swimmingpool

"Noch glänzen die Eisfelder im rötlichen Sonnenlicht, dann
zieht die Nacht herauf"
(13.3.1997, Kenya)

Ich bin zurückgekehrt. Auf die andere Seite des weißen Berges. Ein halbes Jahr ist es nun her, seit ich dort oben war, mit Jochen, Julius und all den anderen. Die Strapazen der anstrengenden Bergtour sind vergessen, weil die negativen Seiten unserer Erinnerungen immer als erstes verblassen. Nur selten noch denke ich an die Kopfschmerzen, die mich in Horombo fast eine Nacht lang wach gehalten haben. Oder an den verrückten Typ, der sich einen Tag vor dem Aufstieg einen angesoffen hat und den sie am dritten Tag wieder nach unten getragen haben.

Nie habe ich den Kilimanjaro so schön gesehen wie heute. Damals hatten wir Nebel, auf der Anfahrt über Taveta, jenem kleinen Grenznest zwischen Kenya und Tanzania. Dann hat der Regenwald die Sicht auf den Berg versperrt. Erst am vierten Tag sahen wir zum ersten Mal den weißen Hut des Gipfels über den Hütten von Horombo leuchten. Damals.

Heute hat uns das herrliche Massiv des Kilimanjaro mit seinen beiden Gipfeln Mawenzi und Kibo auf der ganzen Fahrt begleitet. Im Morgendunst tauchte es erstmals zwischen den mächtigen Baobabbäumen an der rotstaubigen Straße auf, wolkenfrei und mächtig. Erst gegen Mittag hüllten Wolken die Gipfel ein, während wir am Fuß des Mawenzi durch die kleinen Siedlungen holperten.

Jetzt habe ich es mir am Swimmingpool der Amboseli-Buffalo-Lodge gemütlich gemacht, das Wasser ist recht kühl, doch die heiße Sonne von Amboseli trocknet schnell und gründlich. Ich lege mich so, daß ich zwischen den blau und gelb blühenden Akazien hindurch den Kegel des Kibo erkennen kann und träume vor mich hin. Neben mir liegt Hemingways "Schnee auf dem Kilimandscharo", doch ich habe noch keine Lust, zu lesen. Der Großwildjäger soll öfters hier in der Gegend zu Gast gewesen sein. Auf einem kleinen Hügel hinter der Lodge liegt die "Hemingway-Bar". Vielleicht trinke ich heute abend dort ein Bier, denke ich.

Die anderen sitzen im Speisesaal der Lodge beim Dinner. Ich genieße die Einsamkeit, hier bin ich allein mit meinem Berg. Fast. Ein zahmes Gnu leistet mir Gesellschaft. Erst kam es zum Pool, um zu saufen, jetzt liegt es neben mir und döst im Schatten. Sein Fell glänzt in schwarzgrauen Streifen, dort wo die Sonne es berührt, fast silbern. Wie die Wolken am Kilimanjaro...

Erster Tag. Wolken am Kilimanjaro. Vom Berg ist nichts zu sehen. Mit einem alten blauen Jeep fahren wir vom kenyanisch-tanzanischen Grenzort Taveta aus gerade noch dreiundzwanzig Kilometer nach Marangu. Der Jeep hat nur noch wenig Kraft unter der Haube und wir holpern gemütlich durch die Landschaft, die immer fruchtbarer und hügeliger wird.

Das Auge kann das satte Grün fast nicht verkraften, nachdem die Strecke von Mombasa hierher recht sandig und staubig war. Das Capricorn Hotel liegt oben im Wald, klein aber "oho" und wir beziehen unsere Zimmer im tropischen Garten.

Ich mache diese Tour zum höchsten Gipfel Afrikas mit meinem Kollegen Jochen, insgesamt sind wir vierzehn Leute, die am nächsten Morgen den Berg in Angriff nehmen wollen. Beim Abendessen stellt sich unser Führer Julius vor und wir beschnuppern uns gegenseitig. Anschließend werden noch einmal Rucksäcke und Seesäcke umgepackt, zehn Kilogramm pro Person für den Träger, den Rest darfst du selber schleppen.

Seltsame Musik dringt an meine Ohren, ich lasse das Vorhängeschloß am schwarzroten wasserdichten Seesack zuschnappen und begebe mich in den Hotelgarten. Unter einem großen rot blühenden Flammenbaum sitzen einige Chaggas in ihren weißen Gewändern im Gras, zwei von ihnen schlagen Trommeln, ein Junge bläst dazu immer wieder rhythmisch in ein geschraubtes, gelb angestrichenes Kuduhorn. Die anderen unterstützen die Musikanten durch Klatschen und zaghaftes Singen. Als sie den Zuhörer bemerken, wird der Gesang rasch lauter und sie laden mich durch Gesten ein, bei ihnen Platz zu nehmen. Dann stehen die ersten auf und bewegen sich tanzend im Kreis, wobei die Glöckchen an ihren Fußgelenken rhythmisch klirren. Es sind die Klänge Afrikas. Ein bißchen Wehmut steigt in mir auf, hier, allein am Fuß des Kilimanjaro.

Ich muß etwas geschlafen haben. Als ich aufwache, ist das Gnu verschwunden - nein, es liegt jetzt drüben im Schatten zwischen den Büschen und Bäumen, in deren Ästen und Zweigen Glanzstare und Webervögel zwitschern. Ich habe noch viel Zeit, bevor wir zur Safari in den Amboseli-Nationalpark aufbrechen wollen. Hier ist der richtige Ort, um Hemingway zu lesen. Ich bin mir nicht sicher, ob es ein Mimosenbaum ist, unter dem ich liege, ein Mimosenbaum wie der, unter dem *Harry* lag, zu Beginn von *"Schnee auf dem Kilimandscharo"*. Ein Mimosenbaum und Geier, so fängt Hemingways Geschichte an. Das heißt, eigentlich beginnt sie mit dem Berg. *"Der Kilimandscharo ist ein schneebedeckter Berg ..."*, und dann die Sache mit dem Leoparden. Es soll ihn

146

tatsächlich gegeben haben, dort oben, wo jetzt das Eis in der Mittagssonne glänzt. 1926 hat man seinen gefrorenen Kadaver an der Innenseite des Kraterrands gefunden, auf fast sechstausend Meter Höhe. Und dann hat Hemingway diese geniale Story daraus gemacht. Ich sollte, wenn ich zu Hause bin, mir den Film mit Gregory Peck unbedingt 'mal wieder ansehen. Jetzt habe ich ja das Buch. *Schnee auf dem Kilimandscharo.* Heute ist nicht mehr viel davon zu sehen. Meterhohe Schneewehen, wie sie der Erstbesteiger Hans Meyer 1887 vorfand, sind schon längst Vergangenheit. Auch die Gletscher sollen schrumpfen. Ich selbst habe den Bergsattel zwischen Mawenzi und Kibo nur als braungraue Steinwüste erlebt, den Kegel des Gipfels als triste Geröllhalde und den Krater als ein braunes schneefreies Loch. "Wenn der Schnee am Kilimanjaro schmilzt", sagte mir einer der alten Chaggaträger, "stirbt die Seele Afrikas."

Bei Hemingway gab es ihn noch, den Schnee dort oben. Und während ich zu lesen beginne, blicke ich immer wieder nachdenklich hinüber zum Berg. Kein Schnee. Stirbt dort die Seele Afrikas? Dort, über den weitausladenden Wipfeln mächtiger Schirmakazien, die im intensiven Grün junger Bananenstauden glänzen...

Zweiter Tag. In einem intensiven Grün leuchten die Blätter der Bananenstauden zwischen dunklen Kaffeesträuchern und hochstämmigen Yuccas. Am Eingang zum Kilimanjaro-Nationalpark übernehmen die fünfundzwanzig Chaggaträger das für sie bestimmte Gepäck, während wir uns ins Bergsteigerbuch eintragen.

Der Weg von Marangu zum Madaragebiet, von 1850 auf 2750 Meter, ist mit zwölf Kilometern angenehm kurz und in knapp vier Stunden zu meistern. Bald tauchen wir, mit Führer Julius als Schlußlicht, in den Regenwald ein, stetig geht's bergan, ein breiter Weg, der wenig Spektakuläres bietet. Bald streifen wir unsere Regenponchos über, da sich die hohe Luftfeuchtigkeit rasch in leichten Nieselregen verwandelt. Nach einer Rast auf halbem Weg wird der Pfad schmaler und glitschiger, über Wurzeln und umgestürzte Bäume geht es steiler aufwärts. Tropische Regenwaldflora umgibt uns hier, das seltene Kilimanjaroveilchen, eine gelbrot blühende Orchidee, die nur hier gedeiht, wächst direkt am Weg, Hornvögel und Diademmeerkatzen sind unsere Begleiter. In den Astgabeln der Baumriesen wachsen Bromelien und Farne, wie düstere Gardinen in einem Gespensterfilm hängen die Flechten von den bemoosten Zweigen. Hin und wieder gurgeln Bachläufe durch das dichte Unterholz, an einer der Holzbrücken stehen die ersten Senecien mit ihren wunderschönen Blattrosetten. Dann verlassen wir den Bergwald und eine urweltliche Heidelandschaft nimmt uns auf: Drei Meter hohe Heidekräuter und Farne, der Pfad jetzt so eng, daß wir ausweichen müssen, wenn uns Träger entgegenkommen.

Oben bei den Mandarahütten scheint die Sonne und wir legen uns faul ins Gras. Die Holzhütten bieten Platz für je vier Personen und sind mit Matratzen und ein paar Nägeln als Kleiderhaken ausgestattet. Zur Höhenanpassung wandern wir am Nachmittag zum Maundikrater, begleitet vom Geschrei rotflügeliger Turakos und turnender Colobusaffen. Die Sicht hier oben ist phantastisch, eine unendliche Moor- und Urwaldlandschaft liegt uns zu Füßen. Das Blätterdach des Regenwalds leuchtet in einer Mischung aus Grün und Grau, Strohblumen blühen gelb und weiß und grünschillernde Malachitnektarvögel umschwirren die gelbroten Johanniskrautstauden.

Ich habe nicht sehr viel gelesen. Ich war gerade bis zu der Stelle gekommen, wo in einer von *Harrys* Erinnerungen der Schnee im Gauertal fiel. Schnee in Europa. Ich bin ihm entflohen, um hier, am Fuße des Kilimanjaro den anderen Schnee zu finden. Und den Schnee Hemingways. Das Grunzen des Gnus hat mich immer wieder vom Lesen abgelenkt.

Schließlich ist es Zeit für den Aufbruch und wir fahren mit dem Nissan-Bus zum Amboseli-Park. Die Sonne steht schon tief und läßt die Farben des Berges satt, seine Konturen kräftig erscheinen. Drohende schwarze Wolken haben sich um seinen Gipfel geballt, von den Eisfeldern ist nur wenig zu sehen. Zwei Massaihirten, in rote Umhänge gehüllt, treiben ihre großen Rinderherden über die Piste und ich denke an den jungen Massai, der mir am Vormittag in der Lodge begegnet ist.

Melubo Doros ist vierundzwanzig Jahre alt und wirkt in seinem roten Umhang und dem Speer, den er bei sich trägt, recht wild und urwüchsig. In der Lodge arbeitet er als Wächter und kommt jeden Tag aus seiner Manyatta bei Loitokitok hierher. Etwa 200 000 Massai leben heute noch im südlichen Teil Kenyas. Auf uns Touristen üben sie eine ungewöhnliche Faszination aus. Das mag daher rühren, daß sie uns kriegerischer und unnahbarer erscheinen als viele andere Stämme Afrikas. Ihr Mythos als Löwentöter, der sie bis heute umgibt, aber auch die Legenden und Geschichten, die sich um sie ranken, mögen dazu beigetragen haben.

Als der Afrikaforscher Joseph Thomson 1883 auf die Massai stieß, verbreitete sich rasch ihr Ruf als "skrupelloseste und arroganteste Wilde von Afrika". Doch andererseits räumte der Forscher ein, daß es "keine so einzigartige und ungewöhnliche Rasse mehr in ganz Afrika, ja sogar auf der ganzen Welt" gebe. Ich habe die Massai immer als zwar sehr zurückhaltende, wenn nicht gar mißtrauische, aber letzten Endes doch freundliche und offene Menschen erlebt. Sie sehen sich nicht gerne als exotisches Fotoobjekt und haben immer noch ihren Stolz bewahrt. Man sollte dies respektieren, denn immerhin sind wir die Eindringlinge in ihrem Land.

Cholera, Pocken und Rinderpest dezimierten den einst so mächtigen Stamm schon zum Ende des 19. Jahrhunderts, weiße Siedler verdrängten sie aus ihrem angestammten Land und noch heute werden ihre Weidegründe durch ausgedehnte Tierreservate stark eingeschränkt. Gerade hier, im Bereich des Amboseli ist die Konkurrenz zwischen Massai und Wildtieren deutlich zu spüren. Die Zeiten kriegerischer Auseinandersetzungen sind Gott sei Dank vorbei und die Parkverwaltung scheint es stillschweigend zu tolerieren, wenn immer wieder Massaiherden innerhalb der Parkgrenzen weiden.

Melubo Doros heißt mit Taufnamen Peter, doch er scheint die Regeln des Christentums nicht allzu ernst zu nehmen. Jedenfalls hat er vor, einmal vier Frauen zu heiraten und erzählt mir verschmitzt, daß er schon sechzig Rinder im heimischen Kral angespart hat. Auf meine Frage, was ihn denn eine Frau koste, meint er, fünfzehn Rinder müßten wohl genügen, doch habe er nicht vor, alle vier Damen auf einmal zu heiraten. Meine Antwort auf seine Frage, wieviele Frauen ich habe, entlockt ihm nur ein müdes Grinsen. Nach den Maßstäben des jungen Massai bin ich sicher nur ein armes Würstchen...

Dritter Tag. Die Morgensonne hat sich einen Weg durch die Wolkendecke gebahnt. Schon um sechs Uhr bin ich zum Zähneputzen draußen. Es ist ein herrlicher, klarer Tag und gegen neun Uhr ziehen wir weiter. In der Ferne leuchtet der Mawenzi und die Sonne bringt uns bald zum Schwitzen. Der längste Wegabschnitt mit achtzehn Kilometern liegt vor uns, der Pfad windet sich bergan, die Luft wird spürbar dünner und

wir legen bald die erste Pause ein. Julius, unser hagerer Füh-
rer treibt uns weiter. Heidelandschaft und Fels wechseln sich
ab. Immer wieder begegnen uns Träger und Gruppen mit
erleichterten Gesichtern. Die haben's gut, die kommen von
oben.
Ich gehe als Schlußlicht mit Julius. Pole pole ist der Rhythmus
Afrikas. Seit vier Jahren arbeitet er hier am Berg, zunächst als
Träger, dann als Hilfsführer. Wir sind die zweite Gruppe, die
er selbständig führt und er macht seine Sache hervorragend.
Ich genieße die Landschaft mit den ersten Riesenkreuzkräutern
und stolpere zu meiner Freude fast über ein Chamäleon.
Schließlich ist der "Restpoint" erreicht, ein zugiger Platz, von
Nebelschwaden eingehüllt, ausgestattet mit zwei Holztischen
und einem krummen Klohäuschen, bevölkert von einem halb-
zahmen Schildraben, der gut von den Nahrungsresten der
Bergsteiger zu leben scheint.
Der Pfad führt über steilere Teilstrecken, seltener werden die
erholsamen ebenen Wege. Dann, nach sechs Stunden ist es
geschafft: plötzlich und unerwartet stehen die Hütten von
Horombo über uns. Schwarz und auf steinernen Sockeln. Noch
einmal geht es durch ein Bachbett mit grün schillernden Algen,
an dickstämmigen Riesenkreuzkräutern vorbei und dann zum
letzten Anstieg. Wir sind auf 3700 Metern Höhe und leben jetzt
über den Wolken. Über uns erhebt sich, für unsere Augen zum
ersten Mal sichtbar, der Gipfel des Kilimanjaro.

Nach und nach mischen sich immer mehr Gnus und Zebras
unter die Kühe und Esel. Als wir nach vierzig Minuten den
Parkeingang erreicht haben, sind die Massaihirten aus unserem
Blickfeld verschwunden. Windhosen jagen über die Savanne,
die sich rechts der Piste erstreckt, so weit das Auge reicht. Mit
dem Fernglas erkenne ich Elefanten, Büffel und Elanantilopen.

Über dem Gipfel des Kilimanjaro reißt die Wolkendecke allmählich auf, der Akazienwald zu seinen Füßen rauscht an uns vorüber, während wir uns der grünen Sumpfebene des Lake Amboseli nähern. Jetzt, im europäischen Frühling, zur afrikanischen Regenzeit, ist die Senke mit Wasser gefüllt und die Herden leiden weder Hunger noch Durst. Gnus und Zebras grasen zu Hunderten bis zum Ende des Horizonts, der sich flimmernd im Himmel aufzulösen scheint. Das Gras wird noch grüner, saftiger, Wasser spritzt auf, wo galoppierende Thomsongazellen und Impalas vor unsichtbaren Gefahren fliehen. Viele Gnus führen Kälber und einzelne Zebrafohlen tollen übermütig umher.

In unserem Rücken lösen sich auch noch die letzten grauweißen Wolkenfetzen vom Berg, während sich vor unseren Augen die ganze Palette afrikanischen Tierreichtums im letzten Licht des scheidenden Tages zu präsentieren scheint. Am Rande des Sumpfes grast eine vielhundertköpfige Büffelherde, wie weiße Flocken wirbeln zwischen den mächtigen schwarzen Leibern die schlankschnabeligen Kuhreiher auf der Suche nach schwirrenden Mücken. Kronenkraniche mit geschmückten Häuptern und Nilgänse mit elegant geschwungenen Brillen um die Augen spiegeln sich in den Pfützen, die nach dem Schlammbad der Elefanten im weichen Boden zurückgeblieben sind. Bis zum Bauch eingesunken pflügen die Dickhäuter durch den Morast oder ziehen mit nassen Beinen, die schwarzen Stiefeln gleichen, zur nächsten Suhle.

Plötzlich dringen laute Geräusche an unsere Ohren, Brüllen und Grunzen, dazwischen Schläge, die vom heftigem Aufeinanderprallen gewichtiger Kontrahenten zu rühren scheinen. Zwei erwachsene Flußpferde, von denen eines ein Junges zu schützen scheint, liefern sich einen hitzigen Schlammkampf um eine beengte Suhle. Immer wieder krachen die mächtigen

Kiefer aufeinander, blitzen die Elfenbeinhauer im Sonnenlicht, spritzen Schlamm und Wasser meterhoch. Geier und Marabus streiten sich um ein totes Gnukalb, während weit draußen in der Ebene eine krummbucklige Hyäne ein paar Flamingos aufscheucht.

Über dieser Szenerie thront hoch im inzwischen fast wolkenfreien Himmel der flache Gipfel des Kilimanjaro und ich beneide ein bißchen die Löwen, die sich hier, in seinem Schatten, zum Ausruhen niedergelassen haben...

Vierter Tag. Wir nützen den Ruhetag, um uns an die dünne Luft zu gewöhnen und wandern zum 4000 Meter hoch gelegenen Zebrafelsen, der zwischen Mawenzi und Kibo in einem herrlichen Seneciental liegt. Zu Hunderten stehen die fast vier Meter hohen palmenähnlichen Pflanzen mit ihren tagsüber geöffneten Blattrosetten auf dem Hang über den Horombohütten. Nach einer Pause an der windgeschützten Wand des Zebrafelsens klettern wir über den Abhang auf die Hochebene zwischen den beiden Gipfeln. Von diesem Sattel aus, auf dem der Pfad zum Kibo hinüber führt, haben wir einen wundervollen Blick auf das Massiv, die weiße Kuppe und den langen Weg, der morgen vor uns liegt. Mit dem Fernglas suchen wir die Kibohütte und den Zickzackpfad, der von ihr aus zum Gillman's Point, zum Gipfel führt. Es scheint kein Schnee auf dem Weg zu liegen, und dort, wo gerade noch die Eiskaskaden in der Sonne leuchteten, ziehen jetzt Wolken herauf, um den Gipfel, wie an jedem Mittag für ein paar Stunden einzuhüllen. Bei der Rückkehr nach Horombo habe ich Kopfweh, vermutlich weil ich zu schnell abgestiegen bin. Wir gehen früh schlafen, denn morgen steht ein anstrengender Abschnitt auf dem Programm. Am Abend zeigt sich der Kibogipfel wieder wolkenfrei im leuchtenden Orange der untergehenden Sonne und in der Nacht strahlen die Lichter von Moshi, mehr als 2000 Meter unter uns, bis zu unseren Hütten herauf.

Vom Garten der Amboseli Buffalo Lodge aus ist der Kilimanjaro in seiner ganzen Pracht zu bewundern. Wir haben es uns am wärmenden Lagerfeuer gemütlich gemacht, jenseits der Glut glostet der Himmel noch in sanften Orangetönen, die die untergehende Sonne als Abschiedsgeschenk an den scheidenden Tag hinterlassen hat. Noch glänzen die schmalen Eisfelder auf der Kibokappe in rötlichem Licht, dann verwandeln sich die Farben von einer Minute zur anderen. Rottöne weichen einem sanften Blau, das sich allmählich verfinstert und schließlich dem glänzenden Schwarz der Nacht Platz macht. Schließlich vermischt sich die düstere Silhouette des Berges mit dem tiefschwarzen Nachthimmel Afrikas, an dem innerhalb weniger Minuten Sterne in ungeahnter Zahl erscheinen.

Wie verkehrt erschien mir die Welt dort oben auf Horombo, als wir für drei Tage über den Wolken lebten und die Lichter von Moshi wie Sterne zu uns heraufblinkten. Jetzt liegt Horombo auf der anderen Seite des Berges, ebenso wie die Lichter Moshis. Vielleicht liegt Julius ja irgendwo dort oben in einer der Hütten, um am nächsten Morgen mit seiner Gruppe zum Gipfel aufzubrechen, denke ich. Und während mein Blick über den Gipfel hinaufwandert zum Kreuz des Südens, wandern meine Gedanken zurück zu dem Morgen, als wir uns auf den Weg zur Kibohütte machten...

Fünfter Tag. Der Weg zur Kibohütte beginnt mit einem steilen Anstieg über schlammige und felsige Pfade und mit herrlicher Sicht auf den Berg. Als wir den Sattel erreichen, scheint die Sonne und wir rasten am Last Water Point. Hier ist die letzte Möglichkeit, Trinkwasser zu fassen, doch unsere Träger haben achtzig Liter frisches Quellwasser im Gepäck. Neben Julius sorgen die Führer Gabriel und Christopher, fünfundzwanzig weitere Träger und der Koch Hussein dafür, daß die Lasten und Seesäcke immer vor uns an Ort und Stelle sind.

Pole pole, immer langsam geht es weiter, über den breiten Pfad, der in gerader Linie auf den Fuß der Gipfelkuppe zuzuführen scheint. Hier oben weht ein rauher Wind, Anorak, Handschuhe und Gletscherbrille sind angesagt. Die Strecke nimmt kein Ende, obwohl es doch "nur" dreizehn Kilometer sein sollen. Zwischen großen Felsen geschützt, packen wir unsere Marmeladenbrote und die hartgekochten Eier aus, trinken das scheußliche Elektrolytgemisch und schon treibt uns Julius wieder an. Immer wieder begegnen uns erschöpfte Gipfelgänger und Träger mit schweren Kisten und Säcken im Kreuz. Endlos zieht sich das letzte Wegstück dahin, und ich bin ziemlich fertig, als ich schließlich die 4700 Meter hoch gelegene Steinbaracke der Kibohütte erreiche.

Zuerst Ausruhen, im gemeinsamen Zwölfbettzimmer haben wir gerade Platz: ein Bett wird dazugestellt, einer der Teilnehmer ist schon von Horombo aus wieder abgestiegen. Es ist recht kalt und ungemütlich in dem Steinbau, der eher einem großen Kuhstall denn einer Berghütte ähnelt. Jetzt werden die Rucksäcke für den Gipfeltag umgepackt, die Bergklamotten bereitgelegt und die Gipfelausrüstung überprüft: warme Skiunterwäsche, Bergstiefel, dicke Socken, Faserpelz, Anorak, Thermohose, Gletscherbrille, Schneemütze, Handschuhe und die Stirnlampe mit Ersatzbatterien. In den Rucksack kommt nur ein Liter heißer Tee, die Kamera mit dem leichtesten Objektiv, etwas Schokolade, Müsliriegel und Medikamente. Zum Essen gibt's noch "Gulasch", wie Julius diesen Gemüseeintopf nennt, doch wir haben eigentlich alle keinen großen Appetit und essen nur wenig. Die Nacht ist kurz und ich wache alle Stunde auf. Gegen 23 Uhr kommt Leben in die Hütte, nach und nach erheben sich die Gesunden und machen sich warm. Die Stimmung ist gemäßigt, keiner redet viel, jeder ist mit sich beschäftigt. Manche haben Kopfweh, fast alle sind nervös und aufgeregt. Hussein bringt heißen Tee und Biskuit, doch nur wenige greifen zu. Vier Teilnehmer haben beschlossen, nicht mit nach oben zu gehen.

Oben auf dem kleinen Hügel am Rande des Lodgegeländes liegt die Hemingway-Bar, in der der Schriftsteller und Großwildjäger so manchen Whisky gekippt haben soll. Die hölzerne Rundhütte ist ohne Taschenlampe nur schwer zu finden, und so taste ich mich in ihrem Strahl über das verzweigte Wegenetz der Lodge zu dem entlegenen Ort, um vielleicht noch etwas von dem historischen Flair mit unter mein Moskitonetz zu nehmen. Unterhalb der Bar hat man Köder für Hyänen aufgehängt und die Szenerie mit einem Flutlicht hell erleuchtet. Als ich oben ankomme, haben sich nur wenige Gäste eingefunden, die einige umhertollende Schakale beobachten, wie sie sich um einen Fleischfetzen streiten.

Die Bar ist leer, der schwarze Barkeeper schenkt mir schweigend das Tusker ein und wendet sich dann wieder seinen Gläsern zu. An den Wänden der rustikalen Rundhütte hängen einige Trophäen, die angeblich von Hemingway geschossen wurden. Von Filmpostern und signierten Fotografien herunter lächeln mich Gregory Peck und Clark Gable an. Erinnerungen an "Die Affaire Macomber" und "Schnee auf dem Kilimandscharo", Filme, die nach den literarischen Vorlagen Hemingways hier in der Gegend gedreht wurden. Draußen, an der Futterstelle regt sich etwas. Streifenhyänen tauchen aus dem Busch auf und machen sich über die Reste der Ziege her, bis hier oben hört man das Splittern der Knochen, als die kräftigen Kiefer der nächtlichen Räuber zupacken. Streifenhyänen gehören zu den Tieren Afrikas, die man nur äußerst selten zu Gesicht bekommt, da sie sich tagsüber in ihren Erdlöchern verborgen halten. Um so größer ist meine Freude, ausgerechnet hier zwei davon beobachten zu können. Ich meine, auch in Hemingways Geschichte kommen die Hyänen vor. Irgendwo gegen Schluß, mit seltsamen Geräuschen, die die Nacht durchdringen, draußen vor dem Zelt, in dem *Harry* stirbt.

Als ich mich auf den Heimweg zu meiner Hütte mache, stoße ich auf Melubo Doros, der mich zurückbegleitet. Plötzlich raschelt es neben uns im Gebüsch und wir bleiben erschrocken stehen. Kann es sein, daß sich eine der Streifenhyänen, die an der Bar angelockt werden, bis hierher verirrt hat? Die Taschenlampe leuchtet ins Gebüsch, zwischen den Ästen scheint sich etwas zu bewegen. Das gestreifte Fell ist auf einmal deutlich zu erkennen, dann reflektieren gelbe Augen das Licht der Lampe. Es folgt ein lautes Schnauben und vor uns trabt das zahme Gnu über den Steinplattenweg. Wir lachen erleichtert auf und setzen unseren Weg fort.

Als ich schließlich unter mein Moskitonetz krieche, mit kühlem Bier aus der Hemingway-Bar im Bauch, ist es weit nach Mitternacht. Oben, auf dem Berg, brechen sie jetzt zur Gipfeltour auf ...

Sechster Tag. Um Mitternacht versammeln wir nunmehr neun Bergsteiger uns mit Bergstöcken und Lampen vor der Hütte. Die Luft ist kalt, ein paar Grad unter Null, aber windstill. Schlotternd stehen wir in der Kälte und warten darauf, daß Julius das Zeichen zum Abmarsch gibt.

Schritt für Schritt geht es in die Nacht hinein, die sich sternklar zeigt. Mein Blick richtet sich starr auf den Lichtkegel meiner Stirnlampe, die sich als kreisrunder gelber Schein vor mir

157

herschiebt. Meine Ohren hören nur das Knirschen der eigenen Schritte im sandigen Geröll, langsam und im gleichmäßigen Rhythmus. Und mein eigenes gleichmäßiges Atmen: zwei Schritte ein - zwei Schritte aus.

Gebückt, auf die Stöcke gestützt bleiben wir nach einer halben Stunde stehen und atmen tief durch. Die Luft ist verdammt dünn und der Weg verdammt steil. Nach zwei Stunden die erste richtige Pause bei Meyers Höhle, wo wir schweigend auf den Felsen sitzen. Wir trinken einige Schluck Tee und fragen uns, warum wir uns das antun. Wie weit noch? Kann das schon die Hälfte sein? Julius macht uns Mut, verspricht einen leichteren Weg ab jetzt. Doch der rutschige Geröllpfad macht uns auch weiterhin zu schaffen. Immer wieder leuchtet Julius den Weg ab und läßt den Lampenstrahl über die Felsen hüpfen. Ich beginne, die Kurven zu zählen. Bei dreißig höre ich auf. Im Rucksack gluckst der Tee in der Kanne. Minute um Minute geht es weiter, steil und lose der Weg, zwei Schritte nach oben, einen halben zurück. Stockung. Durchatmen. Aufstützen. Ganz selten einmal setze ich mich auf einen Felsen, zu schwer fällt wieder das Aufstehen. Und weiter. Eins - zwei, eins - zwei. Einer ruft: Pause bitte. Über uns der Berg, ein schwarzer Schatten, der kein Ende nimmt. Ist das schon der Gipfel? 100 Meter über uns? 200 Meter?

Es geht auf sechs Uhr zu, der Horizont im Osten wird hell. Nur ein einsamer Stern über dem Mawenzi leuchtet noch mit voller Kraft. Julius führt uns auf eine Klettertour. Die Abstände zwischen den Pausen werden kürzer. Die ersten Verfolger, deren Lichter wir seit Stunden unter uns sehen, holen auf und ziehen vorbei. Noch eine halbe Stunde bis zum Gillman's Point! Das hat er doch vor einer halben Stunde schon gesagt! Die Füße sind lahm, das Atmen fällt schwer. Trinken? Bloß nicht! Wir rutschen höher. Von wegen gefrorener Boden!

158

Ein Lichtstreifen kündet den Tag an. Sechs Uhr. Eigentlich wollten wir jetzt oben sein. Soll ich hier bleiben und warten auf den Sonnenaufgang? Was ist es, das mich weiter treibt? Eine Kraft, ein Gedanke, eine Ahnung? Und dann?

Geschafft! Vor mir der Krater in düsterem Grau, rechter Hand die Eiskaskaden des Gletschers. Drüben grüßt der Mawenzi, unter mir liegt Afrika, verdeckt durch einen Wolkenteppich. Ich stehe 5685 über dem Meer, wo Andrea auf mich wartet. Ich bin so ergriffen und erschöpft, daß mir Tränen in den Augen stehen. Als glutroter Ball entsteigt die Sonne den Wolken und küßt den Mawenzi. Golden erglänzt das Eis drüben am anderen Ende des Kraters, in leuchtendem Orange strahlen die Felsen am Gillman's Point. Es stimmt, was ich gelesen habe: von dem Schnee, den Hans Meyer 1887 beschrieb, ist nichts zu sehen, der Krater gleicht einem braunen Wüstenloch, schneelos und trist. Doch das trübt in diesem Moment kein bißchen meine Euphorie und meinen Stolz. Nur, irgendwie schade ist es doch. Schnee auf dem Kilimanjaro wäre die Krönung gewesen. Trotzdem: ich bin überwältigt von diesem Anblick. Wir fallen uns in die Arme. Congratulations! Alle Neune geschafft!

Schon um halb sieben brechen wir von der Amboseli Buffalo Lodge auf, um die Strecke durch den Tsavo zur Küste unter die Räder zu nehmen. Der Kilimanjaro zeigt sich in seiner ganzen Größe wolkenfrei. Noch vor dem Frühstück - das zahme Gnu grast vor meinem Fenster - habe ich die letzten Seiten der Story verschlungen. *Harry* war gestorben, während draußen im Dunkeln die Hyäne winselte.

"... so weit wie die ganze Welt, groß, hoch und unvorstellbar weiß in der Sonne war der flache Gipfel des Kilimandscharo. Und dann wußte er, dorthin war es, wohin er ging ..."

Ein letztes Mal blicke ich zurück und sehe, wie sich der Gipfel des zerklüfteten Mawenzi langsam vor den weiß gezuckerten Kegel des Kibo schiebt. Es sieht so aus, als hätte es in der letzten Nacht auf dem Gipfel geschneit. Es lag wieder Schnee dort oben, auf Afrikas weißem Berg.

Die Zitate stammen aus: Ernest Hemingway, Schnee auf dem Kilimandscharo.

Sechs stories, Rowohlt Taschenbuch Verlag GmbH 1961.

Nachwort

"Das Paradies als Selbstbedienungsladen"

Mit dieser Überschrift betitelte eine süddeutsche Tageszeitung im August 1997 ein Interview mit einem deutschen Kenyaexperten über die eskalierende Gewalt in dem ostafrikanischen Land. Im Zusammenhang mit diesen Unruhen, die im Vorfeld der Parlamentswahlen das Urlaubsparadies erschütterten, wurden von verschiedenen Seiten Vorwürfe gegen die Politik des Landes laut. Die Regierung, so hieß es, sehe das Land als Selbstbedienungsladen, in dem Korruption und Ausbeutung immer weiter um sich griffen.

Nun ist, bis zum Zeitpunkt der ersten Gewalttaten, Kenya für viele das afrikanische Urlaubs- und Safariland schlechthin gewesen. Otto Normaltourist macht sich keine Gedanken über wirtschaftliche und soziale Verhältnisse, man genießt die tropischen Temperaturen, den perfekten Service in den Küstenhotels und die einmalige Tierwelt in den Nationalparks. Geschützt hinter den Mauern der Hotelanlagen oder auf den von Luxuslodge zu Luxuslodge geführten Safaris bekommt man wenig mit von den Problemen des Landes. Der Komfort stimmt, die Reiseprospekte halten ihre Versprechen und die Welt scheint heil. Abgesehen von einigen Vorzeigedörfern der Massai oder Samburu kommt man kaum in Kontakt zur Normalbevölkerung, ja man drückt sich sogar davor, sind einem doch die Händler an der Küste zu aufdringlich, die Menschenmassen auf der Likonifähre zu unheimlich.

Wer aber dennoch versucht, mit den Afrikanern ins Gespräch zu kommen, wird überrascht sein, wie freundlich und zugänglich, gesprächig und interessiert die meisten sind. Gespräche können dazu beitragen, jenes falsche Bild abzubauen, das noch immer auf beiden Seiten vorherrscht. Man lasse einmal bei uns in einer Kleinstadt einen Bus schwarzer Touristen aussteigen, mit gezückten Kameras in unsere Wohnzimmer stolpern, schwatzend und lachend unsere Kinder fotografieren und sich über unsere hektische Lebensweise lustig machen!

Wer heutzutage ferne Länder bereist, sollte für sein Verhalten der einheimischen Bevölkerung gegenüber eine gewisse Sensibilität entwickeln. Reisen in den Ländern der sogenannten Dritten Welt heißt auch Verantwortung und Toleranz zu zeigen. Wenn ich heute noch beobachte, wie herablassend manche Zeitgenossen die dienstfrig lächelnden Kellner in den Luxushotels der Küste und in den Lodges herumkommandieren, ich möchte nicht glauben, daß die Zeit der Sklaverei längst der Vergangenheit angehört.

Afrika ist kein Selbstbedienungsladen, nicht nur für die Politiker, und schon gar nicht für uns. *Wir* sind die Touristen, die Gäste, die Besucher. *Wir alle*, die wir unseren Fuß auf fremde Erde setzen.

Asante Sana - vielen Dank

Ich danke an dieser Stelle zuerst meinen Eltern, Rudi und Margot Graf, die mir die erste Afrikareise finanziert und mir damit einen Kindheitstraum erfüllt haben. Ich danke auch meiner Frau Andrea, die immer wieder unter meinem Afrikafieber zu leiden hat und mit großer Geduld Verständnis hat, wenn ich auch zu Hause stundenlang Dias sortiere, Tagebücher bearbeite und meinen Träumen nachhänge. Sie hat mich auf drei Reisen begleitet und ich hoffe, daß sie auch weiterhin meine Leidenschaft versteht und mit mir teilt.

Danke aber auch den Menschen, die ich auf diesen Reisen kennengelernt und zu denen ich teilweise noch Kontakt habe:

Dem unvergessenen Willy Zingg, dem die Geschichte "Ein Steak vom Löwenriß" gewidmet ist.

Seiner Frau Margit, die meine erste Afrikareise betreut und mir viel über Willy und Afrika erzählt hat.

Den Safariführern Matthias Krause (Botswana) und Franz Lang (Kenya).

Den Fahrern, die mit ihren scharfen Augen und ihrem Gespür für die Natur jede Reise zu einem unvergeßlichen Erlebnis werden ließen: Theba (Botswana), Jamin (Kenya), Abdul (Tanzania), Didi Moktar (Tunesien), Edward, Gideon und Mulwa (Kenya).

Dem Führer der Kibo-Tour, Julius C. Honde, dem Organisator Alpha und den Chagga-Trägern.

Den freundlichen Menschen in Afrika: Mama Simba, Nickson J. Sekiete (Arusha), Bruno Kakai Kitema, dem Vorbild für das afrikanische Schlitzohr (Mombasa), Barbara Ischebek (Nairobi) und dem Massai Lebosso, den ich in einer Erzählung ausführlich schildere.

Meinen Reisegefährten, vor allem Peter Lietz, Dr. Günter Ruppel, Astrid Tiepermann und meinem Freund Roland Zingg.

Meiner Kollegin Bärbel Schlegel für die kritische Durchsicht des Manuskripts.

Sind Sie auf den Geschmack gekommen?
Dann folgen Sie der Fährte!

Ihr Afrika-Spezialist
mit geführten Gruppen-
und Individualreisen

Spezialreisen
zu den Buschmännern

Zingg Event Travel AG
Albisstrasse 30
CH-8134 Adliswil
Telefon +41 1 709 20 10
Telefax +41 1 709 20 50
E-Mail: zet@bluewin.ch

AXEL GRASER
WESTERN CONNECTIONS

Axel Graser · Unter dem Malesfelsen 45 · 72458 Albstadt

Wir zeigen Ihnen Ost - und Südafrika aus einer einzigartigen Perspektive - der Welt des Individualisten.

Unsere Stärken:

*   **Erfahrung von mehr als 3 Jahrzehnten in Kenya.**

*   **Enge Zusammenarbeit mit FRANZ LANG SAFARIS NAIROBI**

*   **Geführte Studienreisen ab Deutschland**

*   **Individuelle Reiseplanung**

*   **Safaris a la Hemingway**

*   **Pirschfahrten nach Absprache mit den Gästen.**

*   **Romantik und Abenteuer, Tradition und Exklusivität in Privat-Camps in ausgesuchten Gebieten.**

*   **Flugsafaris mit deutschem Piloten**

*   **Safaris in Tanzania**

*   **Bergwandern am Kilimanjaro und Mt. Kenya**

*   **Gästefarmen zum Wohlfühlen und Verweilen**

*   **Südafrika Einzel- und Gruppenreisen**

*   **Individuelles Reisen im Einklang mit der Natur.**

Axel Graser
Western Connections
Unter dem Malesfelsen 45
72458 Albstadt

☎ **07431 3037**
Fax.: 07431 53515

Anschrift
Axel Graser
Unter dem Malesfelsen 45
72458 Albstadt

Telefon
0 74 31 / 30 37
Telefax
0 74 31 / 5 35 15

Bankverbindung
Commerzbank Albstadt
Kto. 9 418 666
BLZ 653 400 04

Beratung und Planung · Individuelle Einzel- und Gruppenreisen · Incentives · Abenteuer- und Erlebnisreisen